在美国
幼儿园
上美术课

Kindergarten Art class
in the United States

顾 菁 著

华东师范大学出版社

图书在版编目（CIP）数据

在美国幼儿园上美术课/顾菁著. —上海 ：华东师范大学出版社，2014.5
ISBN 978-7-5675-2106-3

Ⅰ.①在… Ⅱ.①顾… Ⅲ.①美术课－学前教育－教学参考资料 Ⅳ.①G613.6

中国版本图书馆CIP数据核字(2014)第103430号

在美国幼儿园上美术课

著　　者	顾　菁
项目编辑	曹雪梅　沈　岚
审读编辑	江颖盈
责任校对	邱红穗
装帧设计	顾　欣　宋学宏

出版发行	华东师范大学出版社
社　　址	上海市中山北路3663号　　邮编　200062
网　　址	www.ecnupress.com.cn
总　　机	021-60821666　　　　　行政传真 021-62572105
客服电话	021-62865537
门市（邮购）电话	021-62869887
地　　址	上海市中山北路3663号华东师范大学校内先锋路口
网　　店	http://hdsdcbs.tmall.com

印　刷　者	苏州工业园区美柯乐制版印务有限责任公司
开　　本	787×1092　16开
印　　张	15.5
版　　次	2015年2月第1版
印　　次	2020年7月第6次
书　　号	ISBN 978-7-5675-2106-3/G·7386
定　　价	56.00元
出　版　人	王　焰

如发现本版图书有印订质量问题，请寄回本社客服中心调换或电话021-62865537联系

Impression on USA 美利坚印象，2012，Chinese painting 中国画，38X46cm JING GU 顾菁

疯疯的小孩有糖吃（序一）

语言和绘画是儿童早期发展中两种重要的表征手段，它们既是儿童思维发展的标志，也是儿童认识世界、表达情感和进行人际交往的工具，在儿童发展中具有同等重要的作用。但绘画与语言又具有不同的性质，儿童绘画具有自己内在的逻辑和表达方式，体现着儿童特有的情感和形象思维的特征。因此，幼儿的美术活动是一个专门的心理学研究领域和美术教育的特殊领地。如何教幼儿绘画，成了家长和幼儿园教师普遍关注的话题。

顾菁女士的这本书，讲述的正是这个问题。

关于我国幼儿美术教育中普遍存在的问题，学界有众多的有识之士提出了批评。问题是，"与其咒骂黑暗，不如点一支蜡烛"。顾菁女士利用自己在美国幼儿园和小学担任美术助教的机会，采用20次课堂实录的方法，为我们展示了美国幼儿美术教育的过程，充分反映了美国幼儿美术教育的理念和方法，对我们如何探索和改革幼儿美术教育无疑是点亮了一支蜡烛。

我们从这20次幼儿美术教育活动中，可以感受到美国幼儿美术教育的特点：

第一，美术教师谙熟幼儿的心理特征和学习特点，处处尊重幼儿的年龄特征，尊重幼儿的感受、体验和创造。无论是欣赏大师们的名画还是回答老师们的问题，孩子们的回答五花八门，各抒己见，教师总是鼓励，而从不用"标准答案"去"统一思想"。甚至在引导孩子们看图画时，为了体现美感和柔和，教师手中举着一根彩色的羽毛，而不用硬邦邦的木棍或充满诡异的激光。这些细节的顾及，最大程度地反映出教师对儿童的尊重。

第二，坚持"美术过程重于美术作品"的理念，重感受、重体验、重过程、重创造。在这样的理念指引下，美国的幼儿美术教育高度重视名画欣赏，让幼儿尽早接触并体验大师们的名画，从中感受大师们敏锐的感受能力和创造性的表达能力，积累形象思维的高端素材。而在具体的美术操作中，教师只提供美术环境和美术指导，不追求作品的程式化、标准化、统一化、成人化。儿童画的美感来源于儿童创作过程中的愉悦和动作反省，而不是符合成人的规定。

第三，正确处理教育与发展之间的关系。儿童天生具有感知形象和热爱涂鸦的能力。但儿童的美术能力又不是自然发展的结果，必须通过学习才能获得。幼儿美术教育活动正是为幼儿美术能力的发展创设一个学习环境，在教师的指引和帮助下，逐步了解和把握美术的元素和规律。我们从本书的20次幼儿美术教育活动中可以看到，教师如何在组织幼儿鉴赏名画和实际美术操作中，指引儿童从具体形象中逐步抽取出点、线、面、形、色、景（近景、中景、背景）、重叠（透视）、光线（光的强度和方向）的美术元素，同时，又引导幼儿从感受具体形象深入到感受内在的想象和情绪体验，达到激发兴趣、发挥想象、鼓励创造的结果。

第四，重视文化的多元性、材料的多元性、技法的多元性。本书介绍的20次幼儿美术教育活动，让幼儿接触到西方经典名画，还涉及到跨文化（非洲粗麻布和编织、埃及小塑像、印第安图腾等）的艺术形式以及现代派、抽象派、立体画派的艺术风格。就材料而言，不仅运用到蜡笔、水彩，还运用到纸板、泥土、玉米衣、铝箔纸以及综合材料等。至于让孩子们对着小镜子画自画像、把小彩鱼拓印在自己的T

恤上，你肯定能想象得出孩子们是多么的兴奋和疯魔！

第五，注重美术与音乐、舞蹈、科学、生活的结合，充分调动多通道感知和多学科交融。

第六，用法律和政策保障家长参与幼儿园活动的权利和义务。美国社会的共识是：家长是幼儿园教育工作不可忽视的教育资源。在儿童的学习当中，家长参与越多，儿童就越有可能接受到一种高质量的教育。因此，许多家长在社会支持下，直接参与孩子们在幼儿园中的美术活动，协助教师准备绘画材料和鼓励孩子们的美术创造，不仅提高了家长的科学教育理念，也有效地促进了儿童的发展。事实证明，越是热心参与学校活动的家长，他孩子各方面的发展表现比其他孩子要优秀得多。

也许，本书为我们提供的20次幼儿美术教育活动还包含着更多的意义值得我们挖掘和认识。正如顾菁女士所说："在我看来，尽管美国儿童美术课堂和国内的儿童美术课堂可能会存在诸如此类的种种差异，但简单地评说这些差异孰优孰劣既不合理也没必要。其实在美国，不同州、城市、社区之间的教育水平存在着很大的地区差别，由于教育经费和师资的原因，很多教师的教学也有需要改进的地方。我相信擅于学习的读者会在阅读的过程中产生自己的思考和判断，合理取舍，巧妙平衡，将最具价值和启发的环节为自己的教学所用。"不管怎么说，这本书描述的幼儿美术教育活动，让我们认识到，幼儿美术，不是一个"该不该教"的问题，而是一个"为什么教"和"怎么教"的问题。更确切地说，应该是一个让幼儿"学什么"和"怎么学"的问题。可以说，目前我国幼儿美术教育中存在的种种乱象，就是因为没有解决这个认识问题。

作为本书第一批读者，我还体验到这本书有着更丰富的内涵。它既是幼儿美术教育的具体课堂实录，又是美术教育理念的标本，同时，还是一本传授具体美术操作的教科书，可以供学前教育专业的学生学习幼儿美工和幼儿美术教法，可以供愿意伴随孩子的家长学做美工。

顾菁女士以前是我的一位年轻同事。后来，她移民北美，但矢志不渝献身于儿童美术教育。无论是对自己孩子的家教还是在幼儿园中从事幼儿美术教育，她都十分有心，勤于观察、勤于记录、勤于思考，于是才有这本书的问世。本书的问世，只是她的幼儿美术教育经验总结的第一步。随着教育经验的继续积累和理论学习的深入，我相信还会有更深层次的学术著作问世，为幼儿美术教育增添更多的宝贵成果。

本文一开始，我就说过，语言和绘画是两种不同的认知功能。语言的发展方向是概括化，而绘画的发展方向是形象化。绘画是儿童的天性，但如果缺乏有效的指导，这种先天的能力可能在10岁左右就会停滞，不再发展。也就是说，一个缺乏科学的、系统的美术专业训练的人，其绘画水平就相当于停留在自己10岁时的水平上。因此，科学地指导儿童绘画，让儿童在美术活动中尽情地表达他们所看到的世界和无压抑地表达他们的内心感受，是成人，尤其是幼儿教育工作者的天职。我希望这本书的出版，能给我们的幼儿美术教育带来一股清风，让孩子们在美术教育活动中"疯"起来。

"疯疯的小孩有糖吃！"我同意顾菁女士这一论断。

王振宇

华东师范大学学前与特殊教育学院

教授 博士生导师

编辑和作者间的"恋爱"故事(序二)

说起来，编辑和作者之间的故事颇像谈恋爱。

我做编辑这些年头下来，感觉就是一直锲而不舍地"猎艳"的过程：有时是只需稳坐军中恭迎各路上门"提亲者"（主动来稿），有时要主动"登门提亲"（组约稿件），间或不定期地举办些"公开招亲"活动（主题征文）。还有时是父母之命、媒妁之言……

我和顾菁是属于"相亲"。

而且这次的"幸福"似乎来得很偶然——

2011年9月13日，我的一位圈内同行来了一封E-mail："我有个朋友在美国，她以前是大学学前教育系的美术老师，因经常在美国幼儿园、小学的美术课上做助教，结合国内的美术教育，她有一些关于美国幼儿美术教育的感想，不知道国内杂志是否需要这样内容的文章。"

关于幼儿美术教育，我们之前也做过不少文章，作者大多是国内幼儿园的美术老师，或者是美术幼教机构的老师，内容也多偏向于"画画"；而眼前"媒妁"口中介绍的这位，"条件"还真不错：有着我们所需要的跨国文化背景，有着适合我们杂志的多重合一的身份——专业的教育背景（华东师范大学美术系毕业）；专业的工作经验（在国内时是华东师范大学学前系的美术老师，在国外接触的又是幼儿美术教育）；而且在自己女儿身上实践着她的那些美术新思路……总之，作者是有国际视角的专家型美术老师，素材是兼具美术新理念和新方法的，如果让她做成个系列的"大美育"文章，对我们的内容是个很好的补充。

我即刻回信："她的身份和题材还是不错的……我觉得可以做个大约'在美国幼儿园上美术课'的系列文章，明年做一整年，这样比较有分量。就是精选一些好

的课例，以一堂堂课堂是怎样上的、图文并茂的形式，每次展现一堂课的内容，前面介绍这堂课的文化背景，后面以'课堂实录'的形式对课堂的精华之处给以真实再现。比如第一期做'欣赏名画'，第二期做'小丑画'，第三期做'拓印画'，第四期做'魔法画'，第五期做'音乐画'……"

又是迅速的回信："……我觉得你这个策划的创意挺不错的，我转达给她，看看她能否完成。"

从此"红娘"退场，主角之间的感情迅速升温。邮件、QQ、国际长途，恨不得天天联系，当然最多的还是线上的"热聊"，不断地构思框架、完善想法、斟酌配图……与此同时，文章的发稿进度也非常迅捷：选题按照我第一封信的策划一次性通过，第一篇"试水文章"在选题会后的一周左右就发稿了；随着这一篇的发表，又相继第二篇、第三篇等。

记得在例行的评刊会上，我社的一位从杂志创刊就做起的资深老编辑指着《"在美国幼儿园上美术课"之第一堂课：名画欣赏》问："这篇文章是谁发的?"正当我拿不准她的想法时，她一板一眼地吐出来两个字："不错!"接着嗔怪道："我一直也想做这类选题的，只是一直没找到好的作者，没想到让你抢了先!"众编辑哄笑的同时，也纷纷点头。

此后的相当长一段时间内，读者（其中很大一部分是幼儿园老师）也以他们无比热情的反馈印证了编辑们的评论。除了追捧和期待以外，其中还有不少建设性意见和建议，比如希望前半部分的文化背景介绍能更通俗易懂些，后面"课堂实录"部分能再多一些相对应的图，好多跟编辑们旗鼓相当的专业性建议也比比皆是，不时给我们带来一阵阵惊喜，也让后面的文章更加深入完美。

见面的机会终于来了。

之前在电话中，顾菁就预告了圣诞节期间要带孩子回国一趟的打算，双方不约而同地迫切期待见面。这时距线上最初的"相识"已经有将近一年的时间，连刊登此系列文章的杂志也已经出了8期，彼此的情感酝酿算是相当成熟了。

于是，又像所有的相亲故事一样，"红娘"带着双方当事人正式见面。

声音是熟悉的，直爽的个性也跟之前的印象差不多，只是在交谈甚欢、相见恨晚中，我强烈地感到顾菁对艺术的一片热情，对创作的固执坚守，对孩子的真切关爱……

此后，我们的感情就顺其自然地发展到了完全高于工作关系的另一个阶段，我们的"爱情结晶"也竟然入了出版社的慧眼，真是一个圆满的大结局。

都说编辑的工作是"给别人做嫁衣裳"的，但何妨把它当成谈恋爱？不断地邂逅惊喜，不断地从相识、相知，走向相恋，就像我和顾菁一样。此编辑之至美境界也。

高明艳

原现代家庭杂志社《为了孩子》杂志执行主编

关于这本书

　　1994年夏天，我大学毕业，很幸运地来到上海幼儿师范高等专科学校教美术，记得刚工作没多久，我们的校长潘洁教授就对我语重心长地说："你是美术系毕业的，以后除了自己的美术创作以外，还要多花时间学习儿童美术教育理论，多下幼儿园，把观察和体会写下来。"后来，在老校长和当时美术教研室主任夏征老师的指导下，我开始在学前教育杂志上发表了一些"豆腐干"。正因为当年有这些前辈们的教诲，如今虽人在异乡，但每次看到美国幼儿园和小学美术课上的点点滴滴有所感悟时，被眼前的一切感动时，心里总会想起潘洁校长说过的话，特别想把这些平凡真实的课堂过程记录下来，和国内学前教育的同行们一起分享。

　　本书呈现的美术课一部分是在幼儿园里发生的，一部分是在美国小学低年级发生的。因为在北美（美国和加拿大），小孩子刚满五岁就要进小学学前班学习，满六岁就要上小学一年级了，依此类推。在美国义务教育是从小学到高中，幼儿园不属于义务教育，需要交费，且价格不菲。而且几乎所有的幼儿园和小学（包括私立小学和公立小学）都喜欢请家长们去当助教。因为在当今美国，为了孩子有一个良好的人生开端，也为了建立一种家庭与学校的伙伴关系，最大限度地促进儿童的发展，因此美国的家园合作历来受到人们的重视，发展相对完善。所以身为两个女儿的妈妈且有美术专业和教学经验的我经常会被邀请作为美术课的助教，这也使我有机会亲临美国幼儿园和学前班的美术课堂，近距离观察并亲身体验他们的美术课。

本书中每一堂课的标题后，都加了一个具体的年龄范围。特别说明一下，这里写的年龄范围，只是针对这堂课上孩子们的年龄，课堂内容的实际适合年龄范围更广。记得一次在斯坦福大学的儿童美术手工活动上，我遇见一位从事学前教育的老师，当我们谈到不同的美术课程设计适合不同年龄阶段的孩子这个问题时，她说在美国，一个美术课程的设计一般都适合一定的年龄跨度。比如本书中的"音乐画"这堂课，并非仅仅局限于书中写的5-6岁，而是针对3-8岁的儿童都适合。有些美术课程适合的年龄跨度甚至为3-12岁。

在本书中，我没有对所记录的这些美术课和美国的儿童美术教育过多地、抽象地发表评价和议论，而是尽可能具体、客观地描述美国课堂上老师和儿童之间互动的一举一动、一言一行，乃至一些细节，让读者仿佛身临其境般地去体验，从中感受美国儿童美术教育的特点，并思考与国内儿童美术教育之间的差异。比如说，美国老师对孩子们的态度要比中国的老师多一点平等和尊重，少一点威严和管理。再比如美国的幼儿园喜欢孩子们在画画和做手工时可以在一定的范围内自由发挥，不是很注重技能技巧的训练以及最终作品的完美，而中国的同行相对来说可能更注重通过引导，让幼儿掌握一定的技能等等。在我看来，尽管美国儿童美术课堂和国内的儿童美术课堂可能会存在诸如此类的种种差异，但简单地评说这些差异孰优孰劣

既不合理也没必要。其实在美国，不同州、城市、社区之间的教育水平存在着很大的地区差别，由于教育经费和师资的原因，很多教师的教学也有需要改进的地方。我相信擅于学习的读者会在阅读的过程中产生自己的思考和判断，合理取舍、巧妙平衡，将最具价值和启发的环节为自己的教学所用。

本书中的部分篇目曾在《为了孩子》杂志上以全年专栏形式连载，后来又陆续被一些网络转载。本书将以前发表的文章进行了充实与改动，并加入了新的内容汇集成册。在本书即将出版之际，我想在此深深地感谢《为了孩子》杂志的编辑高明艳女士，正因为她的一双慧眼和一颗慧心，给一个新手在杂志上写连载的机会，我才有动力和信心把自己的所见所感记录下来。我还要感谢我母亲的鼓励、先生的支持和弟弟为本书亲自设计书籍装帧，没有家人齐心合力的支持，这本书也很难成形的。

最后，希望本书能对国内同行有所启发。即将出版的它，对于一个曾经从事美术教育工作，如今是自由撰稿人的我而言，是一个莫大的激励，往后不仅自己要完成美术创作，更要与大家一起分享美国儿童美术教育的点滴。本书的出版只是一个逗号，绝非句号，感兴趣的读者可以继续关注笔者已在撰写中的美国当代儿童美术教育案例集。

顾 菁

美术助教培训

一、培训过程

记得每学期刚开学，孩子总会从学校拿回家一张清单，清单上要求家长们志愿填写做不同义工的项目，有中午在学校餐厅照顾孩子吃饭的义工，有帮老师复印资料的义工，有去班级为孩子们讲故事辅导阅读的义工，还有到了中国春节去教孩子们包饺子和教中国书法的义工等等。（你对什么义工感兴趣就填写这一栏，如果什么也不感兴趣就不用填。）我最感兴趣的当然是去美术课上担任美术助教。当我在这个项目上打上钩，并填写好姓名、联系电话和电子邮件地址。不过两星期我就收到了我孩子学校所在这个区的区教委发来的电子邮件，通知我几月几日晚上几点到区教委参加美术助教培训。每学期一次培训，每次为两个星期，共十天。每天晚上六点半至九点。一年中有两次培训，一次在九月份，一次在二月份。你小孩是哪一年级的，你就参加这个年级的培训。

当我第一次准时到达培训教室时，只见满屋子一排排坐满了家长，有四五十人，大部分是妈妈，少部分是爸爸。还没开始上课，大家都互相打着招呼，又是拥抱又是贴面礼，不亦乐乎。我签完名报完到，就看见教室门口的桌子上，雪白的桌布上摆满了精美的糕点和咖啡杯、咖啡壶。原来是请我们这些未来的美术助教们随便品尝。真开心，在这里又学美术又学教育，还练习英语，而且每天晚上还有吃有喝。大家再一聊，才知道这些助教们大部分都是专业人士，有做会计的、有做医生的、有电脑工程师，还有一位妈妈是斯坦福大学的数学老师，还有家庭主妇。不论各行各业，在座的每一位一定是具有奉献精神，而且热爱美术并且具有艺术修养的人。有没有像我这样的专业画家？开始我以为就我一人，在一次素描课上，我才见识了几位家长的超写实主义——扎实的功底，真是天外有天、山外有山。

开始上课了，教室里顿时安静下来，我环顾四周，才发现这是个大画室，墙上挂满了从幼儿园小班到大班，从小学学前班到五年级，再从初一到初三年级的所有美术课的学生代表作品。一行一行非常整齐，让我们培训家长一目了然。还有一面墙上挂着的是2009年我们这个区教委美术助教培训班成立25周年庆祝会上的盛况照片。2009年是第25周年，这么推算，2014年这个培训班就有30周年的悠久历史了。在这之后我遇见住在别的区有孩子的家长们，我问他们，你们区有没有这样的美术助教培训班，他们有的说有，有的却从没听说过。再问上课的内容，也是有相似也有不相似的地方，看来每个区还不一样呢。这美国教育机构还真独立自主，美术课程也不完全统一嘛。既然每个区都不太一样，那么不同城市，不同州呢？

大人们第一天上课，老师讲的就是世界名画欣赏，老师一边固定好名画挂图一边说："给孩子们欣赏名画挂图时，一定要把挂图固定在一个画架上，千万不能拿着画在教室里走来走去的给孩子看，如果这样，孩子们的眼睛也会随着画的移动而转来转去，摇摆不定。"老师接着说道："我们所有的美术课都根据教学大纲来，大部分的美术课在开始都安排了名画欣赏，在幼儿园小、中班时，选择的名画一般主题突出，造型简洁、几何形的点线面符号，就能引起孩子的某些联想。例如，米罗、保罗·克利、康定斯基等画家画的抽象画作品，均可让孩子欣赏，从作品的抽象符号中来自由想象，以培养儿童的想象力。到了大班和小学学前班至一年级时，我们选择地欣赏范围也在逐步扩大，且不同类型的欣赏内容也不断加深。比如画面中的人物由单个到多个形象。从原来简单场景到较复杂的场景。艺术表现形式也多种多样，除了油画，还有水彩、综合材料、雕塑和世界各国的美术。"

老师又告诉我们一些上课时的小技巧，（当然给孩子们上美术课的主角一定是有教师执照，且具有高深的教学经验和技能，特别是能对当前的教育理论有较好把握的好老师，我们这些助教的工作主要是课前准备、课后收拾、课中个别具体辅导。）例如：

1. 大部分美术课开始都有几幅名画欣赏，如果你们担心上课时突然忘记每幅画的内容和怎样提问，可以把每幅画的提示写在一张有粘性的小纸条上，贴在手心里，偶尔看一下，是没有问题的。

2. 指点名画时，我们不用教鞭，而是用色彩鲜艳的羽毛，这样给孩子们柔和温馨的感觉。

3. 给孩子们做调配色彩示范时，我们不用毛笔和调色盘，而是用一次性的棉签和一次性的白色纸盘子，用完就可以马上扔掉，既方便又提高上课的效率。而且颜色要挤得不多不少，这样面对着孩子一直竖着拿纸盘子，颜色也不会往下流动。让下面观看的孩子非常直观、清楚。

4. 和孩子们要多交流。比如你可以一拍大腿，大声说道，我认识你呀，这样来活跃气氛。

5. 提问后，尽量让孩子们自己讨论和自己说，不要讲太多，不要干涉太多。

6. 有的美术课上，一个美术老师只需要1-2名助教来帮忙，而有的美术课上，一个美术老师则需要4-5名助教来帮忙。这要根据每堂课的内容，所以课前大家都要注意邮件通知。

在以后的美术课上，我深深地体会到这些小技巧是多么实用，让我在美术课上可以得心应手地配合老师的教学工作。

接下来每天晚上的培训课上，我们上课的内容完全根据这学期孩子们美术课的内容设置，孩子们上什么我们大人也提前上一遍，做一遍或画一遍。比如这学期孩子们有制作锡箔纸玩偶的课程，培训课上老师也给我们每个家长每人发一张大的、两张小的锡箔纸，然后手把手教我们折过来、弯过去，完整地做一个锡箔纸玩偶。有次是捏泥巴课，老师又给我们家长每人发一块粘土，这时可不让家长们像孩子似的自由发挥，想怎么捏就怎么捏，而是在老师的带领下一起捏个大象，一起先搓，再挤出一个头和四条腿，又做出两个象牙，最后一个小尾巴。家长们捏得可带劲了，仿佛又回到了童年时代。

最感动的是一次制作面具的课上，培训老师把自己的女儿也带到班上当模特，当她在自己的女儿脸上不断地贴着蘸了水的石膏条，石膏水滴滴嗒嗒地滴满了小工作服，小姑娘一动也不动，乖巧地让妈妈在自己的脸上做示范，当她在妈妈的指示下，挤眉弄眼地让面具完整的脱落下来时，在座的家长们发出了雷鸣般的掌声。要知道我们的美术培训老师也是一位义工，每天晚上无偿地为家长们培训，而且听说她这样已经坚持七年了。这不，奉献精神从小培养，让她几岁的女儿也从小去做一名优秀的小义工。

当两周的培训快结束时，我像往常一样走进教室，发现教室中间摆放了两组静物。再一低头，发现自己座位下已放好了全套的画素描的工具，原来今天是画素描写生。老师说道，儿童美术能力不是自然发展的结果，必须经过学习才能获得，严格的课程设计和经验丰富的老师是美术教育取得良好效果的前提。我们做一名好助教也要经过学习，所以今天最后一堂课了，我们要练习一下素描基本功。于是大家拿起笔，唰唰唰地画了起来。画到一半时，坐在我身边的一位老美无意中瞟了我的画一眼，惊呼起来。我得意地说道，在中国，我是名大学的美术老师。他说，你应该来教我们。我说，可惜我英语不好，她咂吧咂吧眼睛说，我也不懂中文。画得差不多时，老师从班上选出几位画得好的素描作品立在讲台上给大家评讲一番。我一看，这几幅画和我的画放一起不但毫不逊色甚至技高一筹，这美术培训班里可真是卧虎藏龙呀。

短短的两周课结束了，我还意犹未尽地期待着下一次美术助教培训早日到来。在后来的美术课上，家长们又把培训班上的欢乐气氛带到了课堂上。一次快到感恩节的美术课上，一位妈妈带来一个在家精心制作的大南瓜派和奶油罐。等上完课后，这位妈妈把挤上奶油的南瓜派分发给每个小朋友、老师和助教品尝。这样的例子很多很多，难怪我女儿最喜欢上学，她说上学就是玩。

二、培训启示

在北美生活多年，我发现越是一些学费昂贵的私立学校和贵族学校（从幼儿园到高中），反而越是需要家长去做义工，越是要求家长们积极参与到学校教育中。因为教育从家庭当中开始，家庭的活动将会对发展个体学习的轨迹产生深远的影响。在儿童的学习当中，家长参与越多，儿童就越有可能接受到一种高质量的教育。

苏霍姆林斯基说过："没有家庭教育的学校教育和没有学校教育的家庭教育，都不可能完成培养人这样一个极其细微的任务。"家长是幼儿园教育工作所不可忽视的教育资源。而家庭又是幼儿园重要的合作伙伴。国内幼儿园近几年也非常强调家园合作，强调家长资源的利用，但家长在幼儿园和学校教育的参与程度很少有美国这么深入、系统。尽管美国这种助教培训有教委经费方面的考虑，但客观上这种形式为家长深度体验、参与幼儿园和学校教育提供了机会，对于家长了解自己孩子在幼儿园和学校这个群体学习环境中的特点和表现、学校的艺术教育、教学的理念、老师和家长的互动，都有了更深入的了解和认识。

曾对中国学前儿童美术教育的研究作出过杰出贡献的陈鹤琴先生说过："幼稚教育是一种很复杂的事情，不是家庭一方面可以单独胜任的，也不是幼稚园一方面能单独胜任的，必定要两方面共同合作方能得到充分的功效。"我在女儿幼儿园和小学做义工的这几年观察中发现，越是热心参与学校活动的家长，他孩子各方面的发展表现比其他孩子要优秀许多。因为经常参与学校活动的家长，不仅可以提高自己的教育观念，也可以使自己交到新朋友，接受更多的新信息，有比较才有进步。所以家长对孩子发展的重要作用使家长明确自身对学前儿童发展承担的责任和义务，使家长认识到自身对学前儿童的发展应该享有参与权的重要性和必要性。

当我看到这些做美术助教的家长们，在每一次的美术课上，从不缺席也不迟到，上课前都从单位赶来，早早地把各种需要的美术材料从材料室领出来，为老师做好课前准备。我问他们，你们这样老请假领导会不会有意见，他们笑着说领导很支持的。我想，大到国家，小到社区，全社会都应该通过法律和政策来保障和支持家长的参与权。只有尊重家长对学前儿童在幼儿园和学校的参与权，才能真正促进家园合作，真正实现家园合作的意义。

目 录

疯疯的小孩有糖吃（序一） ///////////////////////////////// 2

编辑和作者间的"恋爱"故事（序二） ///////////////////////// 6

关于这本书 /// 9

美术助教培训 ///////////////////////////////////// 12

第一堂课：名画欣赏 ///////////////////////////////// 19

第二堂课：综合材料绘画 ///////////////////////////// 29

第三堂课：非洲粗麻布画 ///////////////////////////// 39

第四堂课：画一匹"有肌理"的马 ///////////////////////// 49

第五堂课：音乐画 ///////////////////////////////// 61

第六堂课：纸版画 ///////////////////////////////// 69

第七堂课：埃及的小塑像 ///////////////////////////////////// 83

第八堂课：自画像 /// 91

第九堂课：泥塑动物 /////////////////////////////////////// 103

第十堂课：彩色的鱼 /////////////////////////////////////// 115

第十一堂课：木工课制作玉米衣玩偶 ///////////////////// 125

第十二堂课：非洲编织手工 /////////////////////////////// 141

第十三堂课：飞舞的雕塑 ///////////////////////////////// 151

第十四堂课：怎样欣赏抽象画 /////////////////////////// 161

第十五堂课：小丑画 /////////////////////////////////////// 173

第十六堂课：锡箔纸玩偶 ///////////////////////////////// 185

第十七堂课："飞向太空"手工制作 /////////////////////// 199

第十八堂课：图腾画 /////////////////////////////////////// 207

第十九堂课：小小"立体画派" /////////////////////////// 217

第二十堂课：做面具 /////////////////////////////////////// 227

附录：本书中的名画和画家 ///////////////////////////////////// 239

第一堂课：名画欣赏

星空（Starry Night）　[荷兰] 文森特·威廉·梵·高

蒙娜丽莎的微笑（Mona Lisa）
[意大利] 列昂纳多·达·芬奇

向日葵（Vase with Sunflowers）
[荷兰] 文森特·威廉·梵·高

"疯疯的小孩有糖吃"（3－4岁）

目 标

通过了解美术作品的题材、主题、形式、风格与流派，知道一些重要的美术家和美术作品以及美术与生活、历史、文化的关系。学会从不同角度欣赏与认识美术作品，逐步提高视觉感受、理解与评述能力，初步掌握美术欣赏的基本方法。

女儿在美国幼儿园，老师经常让他们做手工，剩下的时间就是玩颜料。这是美术课还是玩游戏？答曰：没有严格区分。怎么玩颜料？老师给每个小朋友先穿上工作服，让小朋友拿着刷子蘸了颜料在白纸上乱涂乱抹，仿佛这时个个都是抽象画大师。有的孩子一边画一边嘴里还念念有词，或者根本不用刷子直接用手蘸了颜料往纸上盖。甚至有时老师会把一张巨大的白纸放在地上，让小朋友脱了鞋袜，光着脚蘸了颜料在纸上又蹦又跳，跳完了蹦完了，再洗脚穿上鞋。难怪一次女儿对我说，老师喜欢疯疯的小孩，疯疯的小孩有糖吃，不疯的小孩没糖吃。

每一个月有两次正式的美术课，每次上课时间为两个小时。

第一个月是欣赏世界名画，比如达·芬奇的《蒙娜丽莎的微笑》、雷诺阿的《红磨坊的舞会》、梵·高的《向日葵》。画风也涵盖了主要流派，如古典的、印象派的、现代的，甚至美国和其他国家的民间美术，但不包括当代美术。因为对于小朋友欣赏的名画，老师只选择有代表性的、经典的、已经得到美术史认可的。对于当代某些名气很大，甚至卖价很高的画，因为有很多人为的因素，它们大部分都将是美术史上的过眼云烟，所以老师们是不会选择的，而只有经过历史沉淀和大浪淘沙的作品才是真金，才是值得后人学习和鉴赏的好作品。对于美术流派的分支，老师也会提到如野兽派的马蒂斯、近代波普等，特别是对一些流派和画家是从儿童思维这里得到启发的绘画，如富有童趣的米罗的画和美国达达艺术，还有马蒂斯的剪纸艺术、康定斯基的抽象画，老师都会乐此不疲地一边讲解给小朋友们听，一边让他们欣赏名画印刷品。

在以后的大部分美术课上，老师都会让孩子们欣赏跟这节美术课主题相适应的世界名画，每次大约有四到五幅画要欣赏。而且欣赏世界名画的课堂时间、课堂分量，占掉了每次美术课的一半。有时候同一张名画，会放在不同的美术课上重复欣赏，但侧重点就不一样了。总之，老师会撇开深奥难懂的美术哲学思想，用通俗、浅显的语言，从儿童能理解的角度去讲解这些世界名画。在欣赏名画的互动中，老师悄悄地带领着孩子们走向了教育目的和目标。在这个过程中，孩子的兴趣需要引导，所以老师的一些话和提问是为了激发孩子的兴趣，孩子们可能会有困惑、不解、错误或者偏离教育目地的言行，这时老师就会适当地解释、纠正或者适时地把孩子拉回来，抑或有其他的处理方式，但不管怎么反馈，老师的每一句话和每一个行为举止都是有教育意图在里面的。接下来，让我们看一看美国幼儿园美术课上，老师如何让孩子们欣赏世界名画。

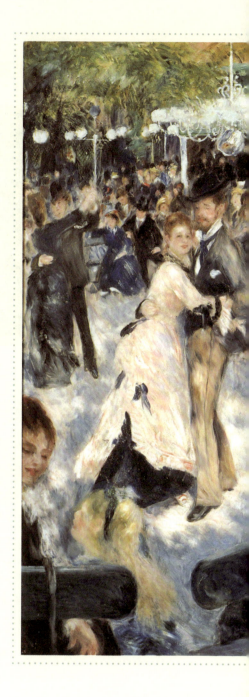

红磨坊的舞会（Le Moulin de la Galette） ［法国］ 皮耶尔·奥古斯特·雷诺阿

公主家的势利小人（Snob Evening at the Princess's）　[西班牙] 胡安·米罗

欣赏米罗和梵·高的画

第一幅画

老师选择的是米罗的《公主家的势利小人》。这幅作品夸张的艺术形态，简单抽象的艺术符号，能够很好地激发幼儿的想象力。孩子们围坐在一起，老师指着墙上挂着的画说："今天老师给小朋友看一幅画，你们看漂不漂亮？"

老师：请小朋友仔细看一看，上面有什么呀？

小朋友：有很多眼睛，一眨一眨的。

小朋友：有小狗、小猫。

小朋友：还有星星、月亮和小人。

小朋友：不是小人，是鬼鬼和小精灵。

老师：大家一起和我数一数有几个小人和鬼鬼。1、2、3、4、5、6……

老师：这些小人和鬼鬼长什么样子？

小朋友：头大大的，身子小小的。

小朋友：有的一个眼睛，有的三个眼睛。

老师：真了不起，你们找到了这么多东西，有眼睛、小动物们，还有天上的星星和月亮，小人和鬼怪。再帮老师一起看看都有什么颜色？

小朋友：红的、黄的、蓝的。

老师：对，背景是绿色的，用黑线画的线条。

老师：你们知道这些小人、星星和月亮在干什么吗？

【小朋友们马上鸦雀无声，都想听老师讲故事。】

老师：他们都来参加公主的晚会了，他们穿了颜色亮亮的衣服，高高兴兴地来跳舞。

老师：你们知道这幅画是谁画的吗？

【小朋友们都一副好奇的神情，老师这时出示米罗的《自画像》，并告诉孩子们，就是这位大画家，叫米罗。你们现在都是小画家，长大后，看谁能成大画家。】

第二幅画

是荷兰画家梵·高的《星空》，家喻户晓的梵·高一生充满了传奇的色彩，他在辛酸的生活重压之下，却拥有虔诚而丰富的生命。此时此刻，美国幼儿园的美术课上，老师却一点也没有向小朋友们介绍梵·高的生平故事（也许认为孩子太小，将会放在以后的美术课再讲），而是读起《星际探索的杰作》书中的一段话。

老师：当我们在布满星星的夜晚向窗外眺望，我们一定看不到空中旋转的云和龙卷风在舞蹈。但是梵·高却能看得清清楚楚，他并没有画他表面

休闲 向路易·大卫致敬 (The Leisure Homage to Louis David) [法国] 费尔南德·雷捷

所看到的，而是画他的内心秘密。这些闪闪发亮飞舞的线条告诉我们，那是强有力的精神和情绪。空中的星星猝然扑下，扑向下面无法抵挡的小村庄。

【老师动情地念着书，小朋友们听得似懂非懂，老师又开始提问了。】

老师：你们看这幅画画的是什么呀？

小朋友：天空中的大海。

小朋友：一个大太阳和很多星星。

小朋友：好像有山，还有空中发亮的星星吧。

老师：对，有山和星星还有风。因为画的是夜晚所以没有太阳。梵·高画面中旋转的线条表现的是风和闪亮的星星，看

呐喊 (The Scream) [挪威] 爱德华·蒙克

公主家的势力小人（Snob Evening at the Princess's）[西班牙]胡安·米罗

金鱼（The Goldfish）
[法国]亨利·马蒂斯

提着水罐的小女孩（Girl with a Watering Can）
[法国]皮耶尔·奥古斯特·雷诺阿

起来真像大海的波浪一样。

老师：最后一个问题，喜欢这幅画的小朋友请举手。

【结果，大部分小朋友都举起手来，本来不举手的小朋友看别人举也跟着举起手来。】

这堂名画欣赏课快结束时，老师拿出一叠经过处理的世界名画纯线条图形，给小朋友做填色练习。什么是经过处理的世界名画线条图形？就是把世界名画的照片经过电脑处理，去掉色彩、明暗阴影关系，只剩下简单的轮廓形状。用这些简单的轮廓图形给小朋友填色，可以最大限度地发挥小朋友的想象力、创造力。孩子的创造能力是从模仿开始的，孩子模仿能力越强，将来创造性的潜力就越大。所以我们直接从世界名画的简笔画入手，向大师学习，从经典中学习，踩在巨人的肩上前进。

总　结

这堂课中所欣赏的两幅名画，从简单到复杂，老师营造出了宽松和谐的自由讨论气氛，用优美的语言和生动的语调吸引幼儿倾听，激发幼儿倾听的愿望，从而学会欣赏世界名画。另外，老师巧妙地把一本书中的一段话融入在情节对话中，擅于捕捉教育契机，擅于与幼儿有效回应与互动。最后保留了一部分课堂时间让幼儿做涂色练习，加深幼儿对名画的认识。

在以后的美术课上，我越来越感受到名画欣赏在美国课堂的美术教育中的重要地位。一是感觉欣赏名画几乎是每堂美术课的必要部分；二是欣赏的画一般都会超越孩子的理解水平。同样的道理，在美国，医院都会向每一位刚出生的宝宝赠送一张贝多芬、莫扎特或巴赫的音乐光盘，让刚出生的新生儿在大师作品的潜移默化中进行艺术熏陶和智力开发。

第二堂课：综合材料绘画

爱国庆祝会（Festa Patriottica）　[意大利] 卡路·卡拉

学生作品1：运用羽毛、彩纸片、绸布树叶、小珠片等材料创作，构图饱满

"前卫的小画家"（4 – 5岁）

目 标

在感受各种材料特性的基础上，能够根据不同的意图选择媒材，合理使用工具和制作方法，实现对各种美术媒材、技巧和制作过程的探索及实验，发展艺术感知能力和造型表现能力。

如今，不管在欧州、亚洲还是美洲，综合材料绘画在全世界各地日益流行起来。在某些国家，这种现代的艺术形式可能还仅仅是前卫艺术家们刚刚涉足的实验领地。而在美国很多学校里，教师们已经自然地将这种新型的、非传统的绘画形式引入了课堂。

在美国中小学和幼儿园里，学生们几乎每星期有专门的综合材料绘画课。我想，这可能是因为综合材料绘画独有的一些特点将绘画变成了一种不同于传统绘画的特殊体验，使其不仅对儿童极具吸引力，而且可以让儿童在参与过程中实现丰富的教育功能。因此，特别是在幼儿园的美术课上，教师将其作为丰富幼儿对不同材料的感受与兴趣、锻炼幼儿动手能力、发挥幼儿二维空间和三维空间想象力、培养儿童创造力的美术教育内容之一。

早在1912年，大艺术家毕加索就利用立体派的原理，用废报纸、碎纸屑、香烟包装盒等经过剪、贴来修饰他的油画和其他美术作品。慢慢地，其他艺术家也认识到了将其他材料运用在绘画中的可能性和其不可替代的独特功能。比如意大利的未来派画家用综合材料来表现一种速度感、物理性和机械化的感觉。美国的达达派、超现实主义和波普艺术更是进一步提高利用新材料来扩大综合材料绘画的深度和广度，赋予综合材料新的意义。

在幼儿园里，老师会根据不同主题、不同季节和不同的节日准备不同系列的材料，让幼儿进行"绘画制作"。比如秋天到了，老师会带领小朋友去室外捡形状和颜色不同的落叶，再用彩纸、毛线进行拼贴画创作，表现秋天收获的场景。到了情人节，老师又会准备各种花边、丝带、心形的粘胶和各种发亮的闪粉，让他们制作情人节贺卡。活动中，老师不会给孩子条条框框，更不会用观念、审美、精神来束缚幼儿，而是鼓励孩子们放开手脚大胆尝试折叠、撕、挤、压、剪贴、打湿等各种不同的甚至独创的技巧来创造作品。下面我们来看看情人节快到时美国老师组织的一次美术活动。

示范1：寻找合适的材料

示范2：利用碎花布拼贴

学生作品2：运用羽毛、彩纸片、绸布树叶、串珠等材料创作，既无意散落，又有意折叠，恰到好处

学生作品3：运用羽毛、串珠、纽扣、彩色布头等材料创作，构图丰富而不乱

步骤1：运用涂抹与拓印等技巧制作爱心卡

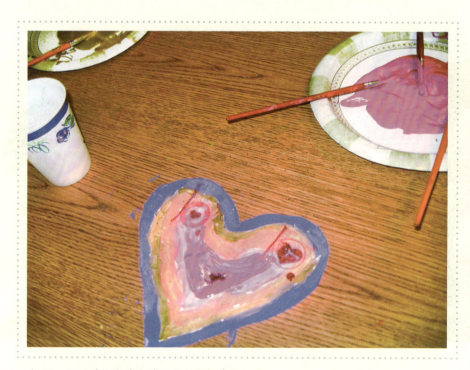

步骤2：运用黄色和紫色对比的色彩制作爱心卡

庆祝情人节综合材料绘画

　　情人节在美国不仅仅是情人专属的节日，更是一个倡导博爱精神的节日。这一天，普天同庆，人们相互传递彼此间的爱与祝福。几乎每个人从幼儿园开始，就要为其他小朋友准备情人卡或礼物。

一、材料准备

　　心形的卡片（每人一张）、各种水彩颜色、各种颜色的闪粉、毛笔、马克笔、有图案的粘纸、各种丝带和花边、胶水、打洞机。

二、教学过程

　　老师让每5个小朋友围一桌坐好，共4桌，每桌中间都放了相同的材料。老师先在每个小朋友的面前放一张心形的卡片。

　　老师：现在请小朋友拿起毛笔，蘸上自己喜欢的颜色，把这张白色卡片全涂满。

　　【有的小朋友选择粉红色，有的选天蓝色，每个人都小心地涂起来。有的小朋友喜欢涂得薄薄的像水彩画，有的涂得厚厚的像油画，或者更像在和稀泥。】

　　老师：很好，现在趁这张画还没干，让我们撒上发亮的粉粉。

　　【有的小朋友选择金粉，有的选择大红的亮粉，每个人用食指和大拇指夹起一点点，撒在自己的画上。】

　　老师：嗯，干得好！现在我们再来找自己最喜欢的不干胶（一些有特殊图案的粘纸）装饰一下这张卡，也可以选择两个塑料眼睛贴上去。

　　【大部分小孩都在找自己喜欢的颜色和图案的粘纸往上贴，也有少部分小孩按老师的建议选择两个黑眼睛贴在上面，让这张心形的画变成一张娃娃笑脸。】

学生作品3：不同效果的爱心卡，材料搭配厚重

学生作品4：运用大爱心填充了很多小爱心的方法，制作爱心卡

老师：现在我们休息一下，等这张画干后，我们系上或贴上丝带或花边，把它打扮得更漂亮。

【休息几分钟后，有的小朋友向老师要细点的丝带，有的要粗点的丝带，还有的小朋友要花边。老师用剪刀把每个小朋友的丝带或花边剪成一段一段，每段长一寸左右。有的小朋友要做成蝴蝶结的，老师就不剪短。然后小朋友把剪好的花边用胶水粘在卡片的一圈边缘上，又在心形卡片的顶端或下端让老师用打洞机打个小洞，自己再小心翼翼地穿上丝带，最后让老师帮忙系上蝴蝶结。

最后老师和两个助理轮流在每个桌上帮小朋友进行最后的整理加工，忙得不亦乐乎。终于大功告成，小朋友轮流捧着自己的大作，放在一张巨大的白纸上，等着最后晾干，然后轮流去卫生间洗手。】

看了上面的活动，国内幼教同行可能会想：我们也会在类似的主题活动中开展这类手工制作活动，而且我们还特别注重废旧材料的利用。值得一提的是，美国幼儿园的这种活动有两个明显不同的特点，且都体现在材料使用上。第一，不管准备什么材料，每一次活动中水彩颜料和画笔都是必不可少的。第二，美国老师很少用旧票根、旧报纸、礼品包装纸、塑料瓶、碎玻璃、树枝、火柴棍等废旧材料。在我观摩过的几次活动中，老师每一次提供的都是全新的材料，这些材料的丰富程度和价值之昂贵甚至超过了职业艺术家的材料（职业艺术家倒是经常废物利用）。

我曾就这两点与美国教师交流过，美国老师说，他们更愿意把这种活动作为一种使用多种材料的绘画，而不是单纯的手工制作，因此每次都会提供颜料和画笔。更重要的是，这样做会给孩子们一种艺术思维上的启发，让孩子意识到，艺术的语言是多样化的，艺术有多种表达方式，而且不同的表达方式是可以相互借鉴和融合的，如果孩子能意识到这一点，他们的创造性也会自然地生长。至于为什么使用全新的材料，老师们也有两点考虑，其一，对小年龄的幼儿来说，新材料更卫生、更安全，这一点必须要考虑到。其二，尽管他们注重启发孩子们综合使用材料，但前提是所用材料要助于提升作品的表现力，也就是材料要服从于目的，而不是为了使用材料而进行综合材料绘画。当孩子们能更好地把握自己的目标并对材料有所思考时，他们会逐步丰富材料，提供一些需要较强创造性才能驾驭的材料。在此之前，老师会结合活动目标精心准备，以避免孩子们被过于丰富的材料吸引而忽略了作品的内涵。

总　结

在这堂课中，美国老师为幼儿提供了"尝试——发现——体验"的探索机会，鼓励幼儿大胆选择不同材料，并采用热烈的色彩表现节日的气氛。让幼儿在折叠、撕、挤、压、剪贴、打湿等技巧运用的制作过程中，体验成功的快乐，满足他们自主操作、试验、表现的愿望。这样的美术活动不仅激发了幼儿愉悦的情绪，挑战了幼儿认知能力，更使幼儿在创作中充分地探究、感知、体验、理解美术创作的多样性和丰富性。

小贴士：什么是综合材料绘画(Collage)

传统绘画以颜料、笔墨、画纸和画布等作为基本材料。综合材料绘画突破了传统绘画的基本材料，在传统绘画材料的基础上，创造性地将自然界、日常生活中各种可见的材料和废弃物品用作创作材料，如泥巴、沙石、咖啡、树叶、木头、报纸、破布、麻袋、金属、别针、轮胎……有的甚至将绘画和装置艺术结合起来。

非洲王室对椅

古代埃及绘画

埃塞俄比亚部落的脸部绘画

"我爱非洲"（4 – 5岁）

目　标

在了解丰富多彩的民间美术作品，感受参与民间美术活动过程的快乐中，懂得珍惜优秀的民族、民间美术与文化遗产，从小养成尊重世界多元文化的态度。

有风、有云、有阳光、有花、有草，非洲是个热情浪漫而又美丽的地方。非洲不但有大象、狮子、长颈鹿、犀牛，还有独特的绘画艺术。非洲绘画艺术之所以有其独特个性，是由非洲大陆、大草原奇特的生态，多姿多彩的风貌，乃至特殊的历史条件、社会环境发展而成。

一个很普遍而错误的观点认为，非洲艺术即是雕塑，其实非洲最早的艺术遗址是5000年前的撒哈拉沙漠岩石上的绘画，严格地说，这已是绘画最基础的技法。15世纪达到鼎盛时期的津巴布韦的莫诺莫塔帕王国已创造出令人瞩目的绘画艺术品。这些都说明绘画艺术在非洲的传统很久远。非洲最早的绘画是画在岩石与木头上的，到了现代社会绘画才普遍采用纸张和布。粗麻布画更以热情奔放、简约原始而突出非洲文化特点。

在美国，为体现多元开放的移民文化，主张移民团体应该保留自身的文化，并且同其他的文化和平交流，学习各民族文化的优秀部分。所以女儿幼儿园的美术课上，有时写起中国书法，有时尝试一下日本插花，这次又是制作非洲粗麻布画。

非洲粗麻布画有不同的制作方法，其中一种是直接将颜色倒进未经涂底的粗麻布上，让颜色在画布上徐徐流动，并渗透画布，与画布的纤维组织结合为一体，等颜色干后，倒入另一种颜色，使部分颜色在画面上重叠造成立体感，从而营造出一种微妙的色彩变化，于是色彩本身很自然地构成了形象与主题。在美国幼儿园，老师把专业艺术家的粗麻布画制作过程尽量简化，减少深奥难懂的抽象意味，增加趣味性，既保留非洲艺术的感人至深与纯朴稚拙，又增加了儿童的天真浪漫。

课堂实录

非洲粗麻布画制作

一、材料准备

老师准备了很多粗麻布，这些粗麻布有几种颜色：深蓝色、白色、褐色，但是大部分是米黄色，粗麻布的纹理有粗有细，布有厚有薄。老师事先裁剪成差不多一尺长宽的一小幅粗麻布，每个小朋友一幅。另外老师还准备了颜料、毛笔、剪刀和魔法海绵（Magic Sponge）。什么是魔法海绵？就是在工厂里用机器把普通海绵压成薄的像布一样的厚度。小朋友可以用剪刀随意把海绵剪成各种形状，剪好后，把魔法海绵碰水或颜料，魔法海绵就会马上变得像普通海绵一样厚了。

二、教学过程

老　师：今天我们学做非洲粗麻布画，大家知道非洲在哪里吗？

【老师一边说一边用投影仪把世界地图投影在白墙上，并指出非洲所在的位置。】

老　师：我先给大家欣赏一下。

【老师又把一些传统的非洲美术作品投影在白墙上，这些绘画大部分是画在木头和岩石上的。】

老　师：以前的非洲人没有纸张，布也是很贵重的东西，所以他们只有把画画在岩石和木头上。

老　师：我们很幸运有各种彩纸可以画，有油画布可以画，今天又要把画画

材料：粗麻布、魔法海绵、剪刀、毛笔、铅笔等

步骤1：剪出合适的图案

步骤2：用剪好的海绵图案在麻布上拓印

步骤3：自己设计图案组合

在粗麻布上。大家现在摸一下，粗麻布和我们以前用的材料有什么不一样的呀？

【小朋友好奇地用手抚摸着粗麻布，有的用鼻子去闻粗麻布的味道，有的拿着粗麻布在空中抖一抖。】

小朋友：好像很多灰似的。

小朋友：麻布好扎人呀。

老师：好。现在我们开始在魔法海绵上用铅笔画出一个简单的图案，比如爱心的图案、花的图案、狗狗咪咪等动物的外轮廓图案，然后用剪刀把形状剪下来。每个人要求剪2到3个不同的图案。

【小朋友高兴地拿起铅笔在海绵上画了起来，画好后用剪刀沿着铅笔线小心地剪下来，每个剪好的图案差不多有小朋友的半个手掌大。】

学生作品1：强烈的形式感和符号感

学生作品3：将不同的海绵图案和色彩进行组合

学生作品2：均衡组合的纹样

学生作品4：设计成花的纹样

人物

[古巴] 林飞龙

老　师：剪完海绵的小朋友用海绵图案开始蘸上自己喜欢的颜料，蘸好颜料后再像盖印章似的往粗麻布上盖。怎么盖才能让图案摆放得漂亮？一个海绵图案只能蘸一种颜料，如果蘸第二种颜料就要把海绵洗干净后再盖。大家看看魔法海绵有什么变化？

小朋友：咦，魔法开始了，变变变，变胖了。海绵开始变大了，真好玩，真好玩。

老　师：对了，一碰颜料，海绵开始变厚了，拿在手上更湿润、更饱满、更柔和，感觉也更舒服了。

老　师：现在盖完海绵图案后，再用毛笔蘸颜料在麻布上修饰一下，添

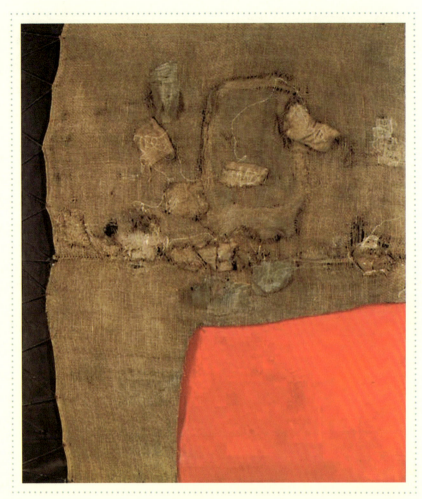

第五号麻袋　[意大利]　阿尔贝托·布里

加上自己喜欢的东西。因为麻布不是白纸，很粗，不可能画得很细，只要画上简单的图案就行。

【小朋友拿着海绵块往麻布上，有的盖，有的用毛笔涂抹，就像涂鸦似的，个个都很投入。】

老师：在麻布上画画，和在白纸上画画有什么不一样呀？

小朋友：在纸上画画，纸很光，颜色容易上去，颜色很鲜、很美。在麻布上画画，布粗粗的，颜料有时涂不上去，颜色暗暗的，但是很好玩。

老师：对了，现在很多大画家用麻布画画，或用麻布做综合材料，就是追求麻布与纸画出来的画效果不一样，给人的美感也不一样。

【老师又给小朋友讲起毕加索和著名的古巴华人艺术家林飞龙。他们都从非洲的麻布画中得到灵感，并吸取非洲传统艺术的精华，成了举世闻名的大画家。】

这堂课让我想起了另一位意大利著名画家阿尔贝托·布里，布里是位弃医从艺，且具有特色的意大利现代画家。1915年出生的他，二战时在北非的意大利野战医院担任军医。每天目睹受伤士兵流血痛苦的悲惨景象，这段经历给了他创作的灵感，他把人性的悲剧带到绘画里来。《第五号麻袋》是布里利用破旧的粗麻布为材料在画布上拼贴而成的，他将粗麻布非常粗糙地缝补在一起。透过被撕裂或烧焦的破洞，我们看到这些渲染成红色的麻布，象征着战争的残酷和人类生命的脆弱。从而唤醒世界人民要热爱和平，反对战争。

总 结

总之，不管是非洲还是美洲、欧洲，不论是哪国人，本国、外国，每个地方的人都有各自的情怀。族群相异，但人性人情却有共通之处，只要艺术触及的是人性的共通处，表达的是真情，画得好，画的内容和形式能够震撼人类的灵魂，这样的作品都会使人感动。兴致勃勃地玩着粗麻布的小朋友，会渐渐迈入这种世界视野的门槛。

第四堂课：画一匹『有肌理』的马

现场一：老师在画马

现场二：学生在画马

"画马真有趣"（5－6岁）

马，人见人爱，更是孩子们的好朋友。我发现，不管在美国还是在中国，只要有骑马的公园，孩子们总是兴高采烈地要求爸爸妈妈陪着，骑着马转了一圈又一圈，直到恋恋不舍地回家，回到家又拿起笔画起马来。

现在让我们看一看在美国幼儿园大班（小学学前班）的一堂关于马的绘画课。

名画欣赏

老师为小朋友们准备了一些关于马的世界名画印刷品，主要是西方的油画，也有东方的中国画。每张印刷品长宽大约1米多乘1米，印刷质量精美。

第一幅画

老师：现在我们欣赏一下一些大画家是怎么画马的。这一幅张是著名的西班牙大画家达利的《记忆的永恒》。马这种动物不但小朋友喜欢，画家达利也很喜欢，他一生不知画了多少各种各样的马。画中是以时间为马鞍，背负着时间重任的马。这匹马好像走不动了，很累似的，趴在地上休息，它背上的钟是柔软的。因为达利不喜欢硬邦邦的、坚硬机械的东西，所以他把钟画成软绵绵的。虽然这个钟是软的，但也压得马喘不过气来。达利用这幅画表示我们人需要放松、需要快乐。

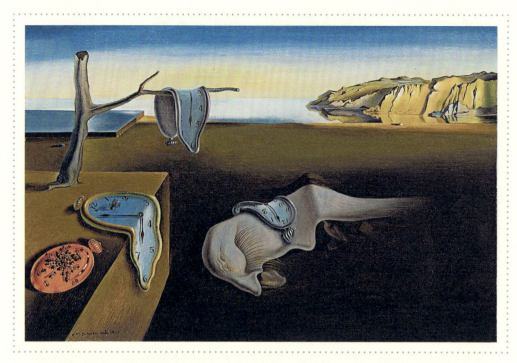

记忆的永恒（The Persistence of Memory）　[西班牙] 萨尔瓦多·达利

大橡树下的母马和马驹（Mares and Foals under an Oak Tree）　[英国] 乔治·斯塔布斯

第二幅画

老师又拿出了《大橡树下的母马和马驹》。

老师：我们再看这一幅，两棵高高的大橡树下有几匹马呀？数一数。

小朋友：1、2、3、4、5……

老师：好了，找到了就不要数了。我们找到很多马，现在来观察一下，谁是马妈妈，谁是马爸爸和马宝宝呀？

小朋友：这个是马妈妈，因为这个马是红色的，一般女的爱穿红色的，这个一定是马爸爸，因为它是黑黑的、高高的。

小朋友：前面这个一定是马宝宝。

小朋友：这个马不一样。

老师：什么不一样？哪里不一样？

小朋友：这个马是白色的，和马妈妈一家不一样。也许这个是它们家的朋友吧。

老师：对，也许是邻居来串门聊天的。我再问一个问题，小朋友们，你们以前骑过马，摸过马脖子上的鬃毛，就是马脖子上的毛没有？

小朋友：摸过，我一边骑马，一边用一只手不停地摸马脖子，马很舒服的。

老师：我们再看一下，你们觉得画家画这张画时，天气是冷还是热？

小朋友：天热，因为马都躲在树荫下乘凉。

老师：很有观察力，你们喜欢这张画的天空吗？

小朋友：喜欢，非常漂亮。

老师：这幅画的天空是这幅画的背景，也是远景。

【老师一边说，一边用手比划着。】

第三幅画

老师又拿出一幅中国古代大画家赵孟頫的《秋郊饮马图》。

老师：这是一幅中国画，是中国古代大画家赵孟頫的代表作，你们看这儿有几棵大树，最左边这棵树是红叶，其余的树叶都是墨绿色的。这儿有一个

秋郊饮马图　[中国] 赵孟頫（元代）

穿红衣的人手拿着马鞭正在驯马，他近处的两匹马很亲热的互相试探似的打招呼，用鼻子嗅对方。其余的五匹马在饮水。其中一匹马回头在看自己的同伴喝得正香甜，似乎在想，它们刚才是不是跑得太累了，怎么这么渴呀！你们再看看远处还有两匹马在嬉闹追逐。

老师： 我在这幅画里，看到了很多弯曲的线条，你们能找出来吗？

【很多小朋友举手了，老师点了一个叫杰克的小男孩，杰克连忙跑到画的面前，用手指着画面。】

杰克： 河岸边画的是曲线，马的身体也都是曲线画的。

老师： 说得完全正确。中国古代大画家赵孟頫在画马时，对马的解剖结构、马的生活习性深入观察，在画的时候对马的神采和技巧都表现得很准确。

老师： 还有一个问题，在这幅画里，你们看到了什么颜色？

小朋友： 有黄色、赭石、橙色。

老师： 非常好。

第四幅画

老师又拿出了第四幅画，是美国著名画家费雷德里克·雷明顿的《放了它，比尔》。

老师：这幅画是美国画家雷明顿画的，他最喜欢画运动中的马。你们看这幅画里发生了什么？一个牛仔男孩在驯马，这匹马好像从没有被人骑过，所以在乱跳乱蹦。这个男孩在努力地驯服它，使马习惯有人骑它。你们看看这匹马是生气还是友好？

小朋友：是在生气，不高兴呀。

老师：的确，它很不高兴，把前腿抬起来和马背上的男孩一起，整个造型在画面中形成了强有力的斜线。

【老师一边说，一边用手势在画面上指出斜线。】

老师：你们看，在马和男孩下面扬起了很多灰尘，暗示着马在激烈地运动。你们数一数在这张画里有几个男人？

小朋友：1、2、3、4、5，共五个男人。

放了它，比尔（Turn Him Loose, Bill） ［美国］费雷德里克·雷明顿

骑马的人（Man on a Horse） ［俄国］瓦西里·康定斯基

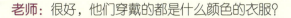

老师：很好，他们穿戴的都是什么颜色的衣服？

小朋友：有白色头巾和衣服，黑咖啡色的衣服和红褚色的裤子。

老师：说得很好，红颜色也叫"看我"的颜色，就是容易吸引人注意的颜色。你们看画中最后一个男人，因为用了红头巾，我们的眼睛就容易看到他。

老师：画这幅画的这个画家以前就在农场工作，他一边放羊，一边烧饭，还要饲养牛，但是就在这段时间里，他画了不少西部牛仔的作品，画得非常细致和生动。

第五幅画

老师：我们今天欣赏最后一幅画是俄国大画家康定斯基的《骑马的人》，大家看看，这幅画画的是什么？

小朋友：画的是一个乌龟在一匹马上。

小朋友：画的是海马在飞翔。

小朋友：好像画在一张纸上，又贴在另一张纸上。

老师：小朋友很有想象力，康定斯基画的是一个人在骑着马飞奔。他仅仅只用了几根线画画，用和雷明顿完全不一样的方法画画，这种方法叫"抽象化"。他画得和雷明顿一样好，虽然只用了几根线和几块色彩。

老师：到现在我们已看了这么多关于马的画，我们知道马可以生活在不同的地方，那么：马一般生活在哪里？

小朋友：在农场、在马棚里。

老师：对的，还有的马在游行队伍里，在马戏团里，在跑马场里。请问，野马一般在什么地方？

小朋友：在山上、草原上和森林里。

老师：太聪明了，讲得非常好。

老师：今天我们看了这么多大画家画的马，漂亮吧！现在我们也要开始画马了。

学生作品1：马在奔跑

学生作品2：准备吃草的马

画马的过程

材料：老师为每位小朋友准备了一张白色铅画纸（8开大小）、铅笔和各种颜色的蜡笔。最后是3寸宽的底纹笔和已调配好的水彩颜料。

体验1：学会构图

老师在黑板上固定好三张八开大小的白色铅画纸，在第一张纸上老师故意在纸的角落边用铅笔画了一个一寸大小的马，问小朋友怎么样？小朋友说太小了，看不见是什么。老师又在第二张纸上画出一匹马，马的头和腿都超出了纸的范围。小朋友又叫，太大了、太大了。老师又在第三张纸的正中画出一匹不大不小的马，小朋友说这个正好。老师拿起一支色彩明亮的蜡笔在这张大小适中的马上涂了起来。老师一边很有力度地涂着蜡笔，一边说着：我们不要绅士、不要温柔，要疯狂、要有力量。小朋友一听都蠢蠢欲动想涂蜡笔了。

体验2：画马真有趣

老师：现在请小朋友用铅笔画出自己喜欢的马，再用蜡笔把马和背景都涂上色彩。

【小朋友高兴地拿起铅笔描绘起自己心中的马，有的下笔果断，大小、构图、位置还很准确呢。有的沉思良久才动手开始画。虽然有的画得像大象，有的画得像猫、像狗，但总体来看是非常像一匹匹骏马的。】

【小朋友又开始拿起蜡笔涂颜料，有的把马涂成了五颜六色的彩虹马，有的把马涂成了一匹黑马，有的涂成了蓝马。有的在背景上画了很多大树，有的把背景描绘出花卉和草地。总之，每张都不一样，每张都有自己的个性。】

老师：用蜡笔涂的时候手要用点劲，除了画线，也要把一些线连成面。为什么要这样画？等一会你们就知道了。

老师：蜡笔涂完后，我们可以画上水彩了。先用底纹笔蘸上老师已调配好的水彩颜料。老师调的是灰蓝色，这样就容易衬托出你们刚才涂的鲜艳的蜡笔色。因为水和蜡不相溶，你们涂的蜡笔有线也有面，和水彩一结合就形成了另外一种意想不到的效果。现在就让我们试试看。

体验3：画马学会了做肌理效果

【小朋友拿底纹笔蘸上灰蓝色水彩颜料在自己的大作上从左到右画了第一笔，因为底纹笔有3寸宽，画了第一笔差不多就占了半张纸，当水彩和蜡笔相互结合，边缘产生了闪闪发光、斑斑驳驳的肌理效果。小朋友脸上呈现出惊喜的神情，甚至发出了"哇"的惊叹声。当画完第二笔，差不多一张就画完了。有的小朋友又拿起笔画第三笔、第四笔。老师连忙说，快停下，如果反复涂抹，漂亮的肌理就没有了，见好就收吧。】

老师：刚才，我要求你们涂蜡笔时要用劲，还要你们画的时候把线都连成面，都是为了在纸上留下足够的蜡，这样当蜡笔线和水彩接触时，就容易形成丰富的肌理。

看着小朋友画的一张张马，有的似乎雄壮无比，追月逐日；有的感觉是优美柔顺，乘风御雨。这使我想起了李贺的《马诗》：大漠沙如雪，燕山月似钩。何当金络脑，快走踏清秋。

总 结

这堂课从欣赏五幅关于马的世界名画开始，让孩子们融入到主题内容之中。接下来老师把画马的过程示范给孩子们看，然后让孩子们自己想象画一匹有肌理的马，让孩子们知道了用线和蜡笔加水彩就能画出自己意想不到的效果。这一过程是令人兴奋和感到有趣的。

在孩子们欣赏和创作的过程中，老师注重将形象表现训练与色彩表现训练结合起来。因为前者是提高孩子欣赏和描绘画面的关键，如果头脑中没有这个形象感，孩子们很难把所要表达的内容画出来。

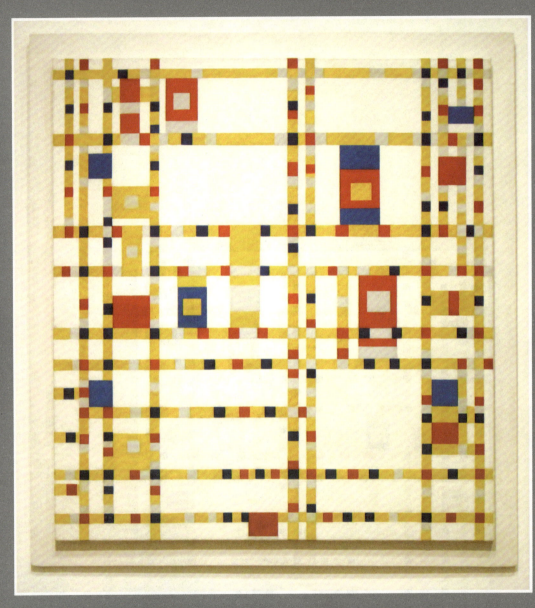

百老汇街的爵士乐（Broadway Boogie Woogie）　［荷兰］彼埃·蒙德里安

"小画家加小音乐家"（5 - 6岁）

目 标

通过自由式的想象与发挥，在绘画中自由抒发情感，表达个性和创意，增强自信心。（这堂美术课强调愉悦性）

记得有一天，我五岁的大女儿从幼儿园回家，嘴里念念有词，用她稚嫩的声音在唱一首怪怪的歌，我留心听了听歌词，不是小孩的歌，就问："宝贝，你唱的是什么歌啊？"女儿说："是 Lady Gaga。"我心想，什么怪名字，但假装知道地说："啊，原来是 Lady Gaga 啊，你们老师教的？"女儿眼睛一亮说："老师没教，是老师在我们画画时放的音乐。"说完就高兴地蹦蹦跳跳跑开了。小家伙的高兴样让我顿时满心好奇，撇下炒菜锅一个健步窜到电脑前，去谷歌上查询 Lady Gaga。好嘛，不看不知道，一看吓一跳。原来是个脸上红黄绿蓝，打扮得前卫十足的女孩子。

还有一次，听孩子说起 Justin Bieber，我根本不知道 Justin Bieber 是什么人。女儿说："他就会唱 baby, baby, baby, Oh。"似乎一副很讨厌的样子。我说："又是你们画画时老师放的音乐吧。"女儿点点头。我心想，这美国老师搞的什么把戏，老是让孩子画画时一心二用。

终于在一次担任美术助教时，我亲身经历了美术原来确实可以和音乐很好地结合起来。

课堂实录

创作音乐画

老师这天选了两首歌和一首音乐。第一首是Taylor Swift的《Fifteen》，这是一首优美的抒情歌。第二首是歌星Taio Cruz的《Dynamite》，这首歌动感十足，琅琅上口，风靡全美，广泛用于劲歌快舞。第三首是鬼节（万圣节）的音乐，听起来有点恐怖。老师首先将这两首歌和一首音乐在录音机里播放了一遍。

结束后，老师说会重新播放一遍，并且提醒小朋友说："大家仔细听好，体会一下这三首歌有什么不一样的感觉。"

老师开始第二次播放音乐，所有的小朋友都竖起耳朵聚精会神地听，有的甚至眯起眼睛，教室里安静极了。但当播放《Dynamite》时，有的小朋友情不自禁，扭腰摆臀，有的打起响指。当鬼节的音乐响起时，小朋友又变了一副样子，有的小家伙故意装出一副害怕的样子捂起耳朵。音乐结束后，小朋友们一个个意犹未尽、恋恋不舍。

一、材料准备

老师在每组桌子上放上一叠不同颜色的彩纸，有淡蓝色、淡黄色、中黄色和黑色，还有一些彩色铅笔和油画棒。

二、教学过程

老师：刚才大家都听得那么起劲，现在请大家把听到的三段音乐和歌曲的感觉画下来，一张纸画一首音乐。三首不同的音乐用三张不同颜色的纸，每人自己选择三张纸。现在我们就开始表现第一首轻音乐。

【小朋友们迅速拿起第一张纸，大部分小孩都选择的是白色或淡蓝色的纸，没有一个小孩选择黑色的纸，因为现在要画的是一首优美的抒情歌曲呀。】

老师：今天我们画的不用像什么，只要把对音乐的感受画下来。当你们听到第一首音乐时，想到了什么？

小朋友：想到大森林。

小朋友：想到宝宝睡觉了。

老师：听第二首歌曲时，想到了什么？

小朋友：舞厅里旋转的彩灯。

小朋友：很多人在跳舞。

老师：说得很好，那第三首歌曲呢？

小朋友：魔鬼来了，小朋友们准备装小鬼讨糖吃。

老师：说得太好了，现在我们就用不同的线条和色彩来表现这两首歌和一首音乐。

【老师话音一落，小朋友们迅速拿起笔"奋笔疾书"，有的落笔潦草、狂放，有的则慢吞吞、中规中矩，有的线条是弹簧状的，有的是交叉状的。画面上散漫无际、全面铺开，一个个典型的"满幅"构图风格。有的用蓝色表现宁静，有的用黑色表示恐怖……，笔触、线条、色彩表达自由奔放、无定型、没有束缚的"风格"，连我这个职业画家也自叹不如。不知不觉，小朋友们已画完了第二张、第三张。看了小朋友的表现，我只有赞叹的份了。原来在美国学校还有这样一种特殊的绘画活动——音乐画。】

音乐画有两种，一种就是把听一段音乐的感受画下来。用抽象绘画表现形式，还有一种就是小朋友在画画时，或者做手工时，老师播放背景音乐来衬托气氛。老师播放的背景音乐不光有当今优秀的流行音乐，还有古典的世界名曲。不光有儿童歌曲，还有民间音乐。为什么要进行音乐画？为什么要把音乐和美术这两种基于完全不同感觉通道的艺术形式结合起来？这有什么独特的意义和价值？

音乐与美术都是艺术，但分属不同的领域，似乎没什么交集，但其实二者是融会贯通的。众所周知，达芬奇是位同时通晓绘画与音乐的艺术家，他认为音乐虽然是听觉艺术，但它与绘画有许多相通之处：一，音乐与绘画都有节奏；

学生作品一：安迪画的像爵士乐

学生作品4：艾玮娜画的像流行歌曲

学生作品3：拉彬画的像蓝调音乐

学生作品2：莉莎画的像摇滚

学生作品5：乔治亚画的像抒情歌曲

二，音乐与绘画同样有比例关系；三，音乐与绘画的美感完全建立在各自部分之间的相互渗透。他的见解得到众多艺术家的认同，其中著名画家康定斯基在其《论艺术中的精神》中，曾明确地论证了音乐与美术的关系。美术中的点、线、面相当于音乐中的节奏和旋律。美术中长短的线条就是音乐中的快慢节奏。美术与音乐一样，以其本身的因素传达着情感。

把音乐引进美术课的教学中，不仅能活跃教学气氛，而且有助于学生对美术作品的理解，尤其是对一些抽象作品的理解。比如，有的老师在教学生欣赏荷兰画家蒙德里安的作品《百老汇街的爵士乐》时，一边放爵士乐，一边让学生去寻找绘画与音乐之间的联系，并把感受表达出来。在音乐影响下，学生们面对画面，很容易感受到画中那错综复杂的闪烁不定的小色块，它形象地表达出爵士乐所特有的节奏感。这样，抽象的绘画语言就可以变成音乐形象的视觉符号了。

音乐是给人听的，但是小朋友也能在优美的旋律中看到一幅幅动人的图画。将音乐与美术进行结合，音乐画能让小朋友对艺术理解升华到更高一层。

总 结

轻松、愉悦的环境能拓展幼儿的思维，激发幼儿自身的潜能，唤起幼儿多元的感受力和创造力。创设音乐画——将音乐与美术进行结合也许还在摸索阶段，但是在实践中，我感觉到音乐画是非常必要的，它是对音乐和美术这两门同是艺术但不同学科的很好融合。此活动可以引导幼儿在玩中学，自主地探索，在画画与音乐互动中获得音乐经验，激发幼儿对音乐的兴趣，培养幼儿多方面的艺术素养。

学生作品1：爱心的笑脸

学生作品2：踢足球

"小小版画家"（5－6岁）

与前面介绍的综合材料绘画、非洲粗麻布画、画一匹"有肌理"的马、音乐画等美术活动相比较，"纸版画"是一种在中、美幼儿园都非常普遍的艺术形式。但与其他艺术形式相比，版画有其特殊之处——版画制作必须历经画、刻、印三个完整的步骤才能完成。纸版画是画和操作的结合物，带有手工性，可以让小朋友又动手又动脑，易于吸引幼儿的兴趣，并对创造性思维的培养有一定作用。版画完成后还可以一版多印，且具有印刷效果，小朋友会更加兴奋，更加有成就感。

纸版画，顾名思义就是运用各种纸质材料做版材，经过画、刻、印完成的版画，属于版画中的一种，是版画中材料最经济，制作过程最简便，又最容易出画面效果的一种。纸版画的制作方法多种多样，有剪贴、刀刻、笔画、镂孔等，甚至还可以用手撕、揉折；可以制作凸版、凹版、孔版和综合版等，表现空间非常大；印刷颜料可用单色，套色；颜料可用油性、水性和粉性；技法有拓印法、漏印法、捺印法等。

材料不同，具体的步骤也不同。最常规的制作方法是：先画好一个作品的底稿：用铅笔在卡纸上画出想表现的图形，然后用卡纸分别把画稿里的物像各个部分给剪刻出来，放好备用。再拿出一张纸，按一定的顺序用胶水把"各个部分"粘贴到纸上照画稿原样组合起来。完毕后，在粘贴的母版上均匀地刷上颜色，然后把作品纸放上去，用工具或手水平式抹匀，揭下作品纸张，一张纸版画就被"印刷"出来了。

同样是运用纸版画这种教学形式，在中国和美国有哪些一样和不一样呢？

名画欣赏

美国学前儿童的纸版画又是从名画欣赏开始的。

第一幅画

老师拿出的第一幅画是17,000年前居住在法国南部和西班牙岩洞的原始人画的洞穴壁画《黄色的马》。

老师：今天我们欣赏的第一幅画是很多很多年前原始人画在岩洞里的一匹黄色的马。我们今天能看到这幅画，是因为科学家和考古学家发现了原始人的武器、劳动工具、珠宝、骨头和壁画。这些壁画画的是原始人经常打猎的马、驯鹿、野牛和其他动物。你们能够想象17,000年前的人用手画出的画留到了今天吗？

老师：我现在给大家讲一个好听的故事。在1940年9月的一天，法国南部的一个郊外，四个小男孩带着一只狗边走边玩。突然，他们的狗不停地边跑边叫，他们只有跟随这条狗跑到一个很大的洞穴入口。狗跳了进去，几个小男孩也踩着落下的碎石爬了进去。他们的臀部贴着洞穴的墙壁，不知往前爬了多久，他们边爬边想，这个洞好大呀。最后，终于爬到一个巨大的空洞里，孩子们打开手电筒，发现了满墙的动物画，他们立刻惊呆了。随后赶紧爬出来告诉了老师和家长。老师和家长又联系了科学家和考古学家。就这样，因为这条狗和男孩们的好奇心，他们发现了震惊全世界的史前洞穴壁画。

黄色的马（Yellow Horse）［法国］洞穴壁画

【小朋友听呆了，被老师的故事完全吸引住了。】

老师：谁能在这幅画里找到不同的线？

【一个小朋友跑到画前，在老师的帮助下，指出了自然线、曲线和垂直线等。】

老师：再问一个问题，当我们把画面上的线连接起来的时候，就会形成一个形状。你们说这个形状是自然形状还是人造形状？

小朋友：不知道。

老师：是自然形状。

第二幅画

这幅画是美国画家爱德华·霍珀的《周日清晨》。

老师：这幅画叫《周日清晨》，画的是纽约曼哈顿的一排房子。空荡荡的街道、半开着的百叶窗。房子和街道用的是黄色和红色，画家用水平线去表现清晨的宁静。

老师：谁能在这幅画里找到人工的形状？

小朋友：一排窗户和门是人工形状。

老师：对的，另外画家是怎样创作图案（**Pattern**）的排列组合？

小朋友：用连续的红色、黄色来组合排列。

老师：正确。还有一个问题，这个画以前有两个名字，一个叫《周日清晨》，另外一个叫《缅街》，你们觉得哪一个名字更好些？为什么？

小朋友：我觉得叫《周日清晨》更好，因为有清晨两个字。这幅画画的就是早晨。

小朋友：我喜欢叫《缅街》这个名字，因为画得像一排排商店，就像一条街道，所以应该叫《缅街》。

老师：都讲得有道理，太棒了。

第三幅画

这幅画是美国画家乔·欧维斯特里特画的《祈祷和平》。

老师：你们看这幅画时想到了什么？

周日清晨（Early Sunday Morning） ［美国］爱德华·霍珀

祈祷和平（Justice, Faith, Hope and Peace） ［美国］乔·欧维斯特里特

构成（Composition）　[美国] 杰克森·帕洛克

小朋友：想到了派（一种美国食品），苹果派、南瓜派、草莓奶油派。

小朋友：画得像巧克力包装纸。

小朋友：像练习射击用的靶子。

老师：你们很有想象力。最后一个问题，当画家画这幅画时，会是什么样的心情？

小朋友：高兴的心情，因为颜色很鲜艳。

老师：说得非常好，我们现在再看最后一幅画。

第四幅画

这幅画是美国的滴彩画大师帕洛克的《构成》，为什么叫他滴彩画大师呢？因为帕洛克画画时的样子和别的画家完全不一样，他把大画布放在地上，然后围着画布四周跳来跳去，一边甩一边滴着颜料来画画。他有时像跳舞一样全身运动，挥舞着刷子泼溅着颜料画画，最后色彩和线条飞舞到画布上，产生了不一样的美。

老师：你们在这幅画里看到了什么类型的线条，自然的还是人为的？

小朋友：人为的。

老师：对，这些线条都是他把毛笔蘸着颜料甩上去的。你们现在发挥一下自己的想象，这些画里的线条和颜料像什么？

小朋友：像仙人掌、马、蝴蝶、老鼠、剪刀、月亮……

【小朋友们一口气说了一大堆。】

老师：够了、够了，太有想象力了。你们认为这幅画正着看或倒过来看，有什么区别吗？

小朋友：好像都一样的。

老师：看这幅画时，你们有什么样的感觉？

小朋友：想跳舞的感觉。

小朋友：想游泳了。

老师：说得太棒了。今天欣赏完了四幅画，我们要开始制作纸版画了。

课堂实录

纸版画制作

一、材料准备

1. 一些以前小朋友做的优秀的纸版画作品

2. 每人一张 8 开（37cm×26cm）的彩色卡纸和一张 8 开的薄薄的新闻纸

3. 每五个小朋友一大盒各种颜色的碎卡纸

4. 剪刀、固体胶、油画笔、蜡笔和硬炭条

二、教学过程

老师：今天我们学做纸版画，纸版画是用纸张剪下物体各部分的外形后，再进行重叠和拼贴，使画纸产生凹凸不平的层次，然后用另一张纸覆盖在上面，用手拿起颜色笔水平式抹匀，这样就完成了。

【老师举起一张示范作品，小朋友都好奇地睁大眼睛，咦？这幅画是怎么画出来的？】

学生作品3：形的组合　　　　　　　　　　　　　　　学生作品4：蝴蝶与倒影

学生作品5：海里的鱼

示范1：金鱼纸版画原品

示范2：金鱼拓印后成品

老师：大家看这张大树的图画是怎么完成的？先把整个大树画下来，再分别剪出树干、树枝、树叶，再进行拼贴，树干放在最下面，用固体胶贴在8开的卡纸上，中间一层贴上树枝，最后我们在树枝上贴出树叶，有一、二、三三个层次。我们用手摸一摸，是不是有立体感。

【老师一边讲解，一边照着这张示范图从头到尾制作了一遍。】

老师：现在我们开始拓印，把一张白纸覆盖在这张大树上，用蜡笔、油画棒平躺着在画纸上水平移动，慢慢地、慢慢地，魔法出现了。白纸上出现了隐隐约约的大树轮廓，然后变成了深浅不一的大树的影子，慢慢地，影子越来越清晰。最后，一棵挺拔又美丽的大树出现了。

【老师又制作了一张金鱼纸版画来强调方法与步骤。老师从一堆彩色碎卡纸里挑选出一张绿色的，用铅笔在上面画出一个金鱼图案，再用剪刀慢慢剪下，贴在一张粉红色的 8 开卡纸上。又剪出了几个小圆形贴在鱼嘴上方，当做金鱼吹泡泡，还剪了一个大红色的鱼眼睛贴好。另外，又剪了几个星星和月亮贴在鱼的周围作为装饰。最后老师拿出一张 8 开的新闻纸放在已做好的金鱼母版上，上下左右对整齐，又拿出了一个硬炭条，平躺在新闻纸上来回移动，一个虚虚实实的黑白金鱼出现了。】

小朋友：太好玩了，真想试试看。

老师：好，现在我们开始制作纸版画，请每个小朋友选择一个自己喜欢的小动物形象来做纸版画。

【小朋友拿起铅笔，煞有其事地沉思一会，在一大盒碎卡纸里挑选出一张颜色和大小都合适的卡纸。在卡纸上画出自己喜欢的形象，有的画小鸟，有的画爱心，有的画的是足球，更多的小朋友选择的是小鱼和蝴蝶。画完铅笔稿后，他们就用剪刀剪下物体的不同部分，比如画动物的小朋友就剪下头部和身子，用固体胶拼贴在 8 开的彩色卡纸上，在另外颜色的碎卡纸上画完动物身上的局部，如耳朵、尾巴、腿和脚等，再用剪刀一一剪下，贴在动物的躯干上，最后贴上眼睛、嘴，一张纸版就做好了。】

【接下来小朋友在老师的辅导下，将新闻纸覆盖在完成的纸版上，再拿起蜡笔、油画棒，将笔尖斜躺着与画面平行摩擦。摩擦过程中，可以换不同颜色的笔，不但使画面色彩丰富还有简洁的色彩关系（色彩关系就是指画面中色块之间的相互联系和相互对比）。最后一张动物纸版画大功告成。】

老师：小朋友，你们看这张拓印完成的动物和你们开始直接画在纸上的动物有什么区别呀？

小朋友甲：一个平平的，一个有立体的感觉。

老师：说得太好了。在纸上画的动物是平面的，轮廓线都粗细一样没有变化。但拓印后动物轮廓线却有虚有实，好像有一点黑白灰的关系。黑白灰的关系就是素描关系，素描关系是指素描画中各物体之间的明暗对比，层次变化，强弱虚实等。

【老师边说边拿起一张素描作品和拓印画相比较。】

总 结

这堂课首先让孩子勾画出自己喜欢的对象的外部轮廓，表现出对象的形象特征，初步尝试形状的搭配，然后让孩子充分享受拓印纸版画的过程，感受拓印中形成的意想不到的肌理美。

创作纸版画的过程结合了老师的评讲、小朋友的欣赏和创作互动，激发孩子的口、手、耳、眼参与其中，通过组合、剪贴、装饰创作出造型别致的画面。为了让幼儿对纸版画有更深的体会，教师还会引导小朋友感知拓印与其他绘制手法的区别，感受纸版画独特的艺术美，如拓印形成的独特肌理效果，使用不同材质的纸张会产生的不同效果等。老师教学不拘泥手段和技法，而是发挥它的多样性、创新性。在制作上，不拘泥于材料的限制，并且让孩子充分感受各种材质和媒介。

值得一提的是美国教师在整个纸版画教学中给我留下的两点印象：

第一，以孩子为本，非常尊重孩子。虽然纸版画对幼儿来说是全新的艺术尝试，但老师并没有为了追求理想的艺术效果而规定幼儿只准画这个，不准画那个，而是给一个范围，让小朋友自由选择自己喜欢画的内容。因为每个小朋友都有自己不同的喜好、个性和特长，老师很尊重小朋友的个体差异，让他们充分发挥各自的优势。

第二，课程更强调孩子们创作过程中情绪的愉悦性、个性表达与创新，而不看重技法的训练。教师在纸版画制作过程中会尽量减少技法步骤，让小朋友制作起来更容易更简单。虽然老师展示的是纸版画的造型规律和常用技法，但是能不能巩固美术课堂教学中的基本知识和技法，认识和掌握纸版画的造型规律，熟悉纸版画的几种常用技法，这都没关系，老师只是让小朋友开开心心地动手起来，在玩中学习，让孩子觉得"愉悦"而不"Boring"（无聊）。

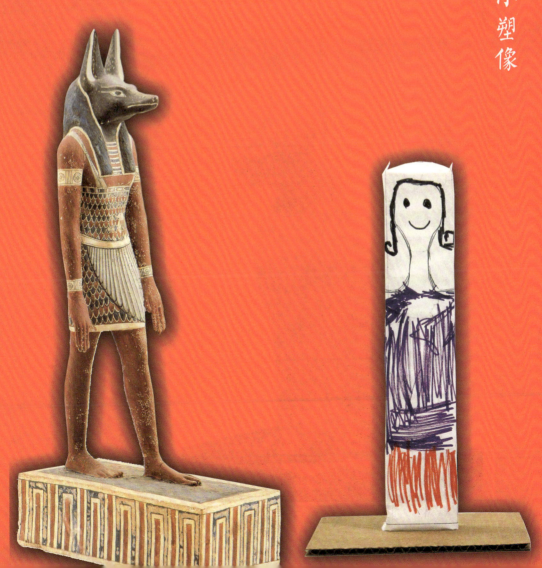

作品欣赏1：埃及小塑像

作品欣赏2：戴耳环的埃及神猫塑像

"不一样的手工制作"（4－5岁）

目 标

在了解不同地域国家的艺术，感受作品中形象的象征性、寓意性，感受作品的形式美的基础上，运用工具和材料，做出既有区别又和古埃及小塑像相似的自己喜欢的小玩偶。

埃及曾经是四大文明古国之一。特别是一说到古埃及，人们就会想到金字塔、狮身人面像，还有呢？就是木乃伊、壁画和浮雕等。今天在美国幼儿园中班的美术课上，老师却为小朋友们介绍了另一种古埃及艺术愧宝——埃及的小塑像（Egyptian Ushabti Figurine）。让我这个美术助教也大开眼界。

在埃及从公元前1900年到后来两千多年历史的托勒密时期的后半期，埃及人喜欢制作小塑像。小塑像尺寸不大，通常只有手掌大小，同一种式样往往做好几个。但也有例外的情况，小塑像样子做得很大，差不多有真人大小，每一种品种只制作一个。小塑像做的往往是人物或者是猫，还有的塑像是代表不同的诸神。有的塑像是代表死者的替身，让它代替死者在死后干苦活。大部分的小塑像都是放在棺材的底部，用来殉葬的，也有的用做装饰。接下来，让我们来看一堂制作古埃及小塑像的手工课。

作品欣赏3：埃及泥塑渔夫与船

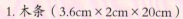

课堂实录

小·塑像的制作

一、材料准备

1. 木条（3.6cm×2cm×20cm）

2. 一张卡纸（10cm×10cm）

3. 素描纸（分淡褐色、蓝色和白色，已被老师在纸上先画好形象范围和小木条的轮廓虚线）

4. 胶水、蜡笔、彩色铅笔、马克笔和橡皮

二、教学过程

1. 美术史介绍

大约五或六个小朋友围成一桌，共四桌。老师在每个桌子上放了同样的制作小塑像材料。在黑板上、教室四周的墙上老师都粘贴了一些小塑像的打印照片。只见老师举起一本介绍埃及艺术的大画册，翻到小塑像图片的这一张，给小朋友们耐心地讲解小塑像的历史，美术特征和美

术表现的多样性等，小朋友都听得很愉悦似的。接下来老师又把大画册翻到一张猫的雕塑照片。

老师：你们看图片上的猫神不神气？这是古埃及人做的猫的塑像，猫的塑像大多由青铜浇筑、抑或从石头雕刻而来，那个时候的人们认为猫是很珍贵的动物，猫帮助人们扑杀蝎子、蛇、鼠等危害人类的动物，所以猫广受人们的赞赏和喜爱。这些塑像经过很长很长的时间和埃及古老的传说一起进入了永恒。

【小朋友们听得津津有味又似懂非懂，老师又翻到另一张猫的小塑像照片，接着给小朋友们讲。】

老师：这个猫是埃及人喜欢的猫神贝斯特，她左耳上配有一个漂亮的耳环，她被看成住宅和家庭的保护神。在古埃及文化中母猫大多代表着善良女神，公猫代表着太阳神。而且许多小塑像都使用猫头和女性身体结合的造型，有的神像还会伴有一群小猫，表示家族人丁兴旺。

2. 制作过程

老师举起一张上面已画好形象范围的素描纸。

老师：现在请每个小朋友自己选择一张已画好范围的素描纸，分三种色，自己选自己喜欢的颜色。这张纸画的是小塑像竖着的四个面，分前面、背面、左面和右面，还有少面积的顶面和底面。

【小朋友在三种颜色纸中左挑右选自己喜欢的颜色，但最后大部分小朋友选的都是白色。可能是为了等一会更好地涂色。】

老师：在这张素描纸上老师已画好了一个范围，分头部、躯干部分、四肢部分。纸上线条的印子很轻很轻，是为了让小朋友可以在上面进行描绘和修改出不一样的形象。你可以用铅笔画出国王或者猫神，再或者来个半猫半人。总之每个人去画自己喜欢的东西。不要忘了最后用蜡笔、彩色铅笔或马克笔进行涂色和装饰。

【只见小朋友拿起铅笔表现出一副沉思的样子，很快地他们进入了状态，按照上面本来已有的虚线先画个圆圈，再画上人的眼睛、鼻子和嘴巴，最后加上一副猫耳朵。有的画了一个人像后，在头顶上画上皇冠。有的画上

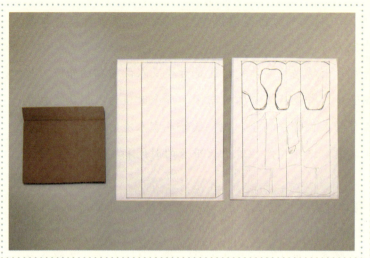

步骤1：在素描纸上画上自己喜欢形象的轮廓线

步骤3：也可以在素描纸上
　　　　完成初稿后，直接
　　　　画在木条上

步骤2：可以进一步在素描纸上深入刻画局部

步骤4：用完成的素描纸把
　　　　木条包起来，并固
　　　　定在卡纸上

步骤5：上色

步骤6：展示自己的作品

胳膊和腿后，在上面再加上一对毛茸茸的爪子。每个人画的形象都憨态可掬、纯朴可爱。等铅笔稿差不多画完了，又拿起彩色铅笔等经营装饰起来。把人物的衣服都画上图案，再涂上花花绿绿的颜色。画动物就用褐色的彩色铅笔画上毛皮的感觉。】

老师：这张纸画完后，按照纸上面老师先画好范围的虚线折叠一下，形成了一个长方体轮廓，然后把小木条放里面包起来，边缘用胶水粘贴好。注意把顶面和底面也折叠好用胶水粘好，最后底部用胶水固定在卡纸上。一个小塑像就完成了。

【现在小朋友们又拿起纸，按照上面已画好的痕迹仔细折叠，有的折歪了，美术助教帮他重新折叠，折叠出一个小木条的形状，正好把小木条放在里面包裹起来，再用胶水粘好，像一个小塑像的样子，竖着固定在卡纸上。

陆陆续续，小朋友们差不多做完了，整个过程从头到尾，老师和助教们忙碌地帮孩子折叠、涂胶水，辅导一些难度较大的细节。最后看着小朋友的杰作，老师和助教们欣慰地笑了。】

总 结

儿童的手工活动是靠手的技能和使用简单的工具，对材料进行加工成型的一种造型活动。通过此活动，对于发展儿童双手动作的精确性、灵活性和实际操作能力，培养儿童耐心细致的工作态度有重要意义。

这堂课让孩子先观察、先看，然后对形象记忆过程进行训练，之后再让孩子考虑如何表现的问题。作品完成以后，孩子还要考虑如何改进作品，学会改进是促进孩子建立对事物完美意识的关键环节，也是孩子发展自我、不断完善自我的一个过程。

第八堂课：自画像

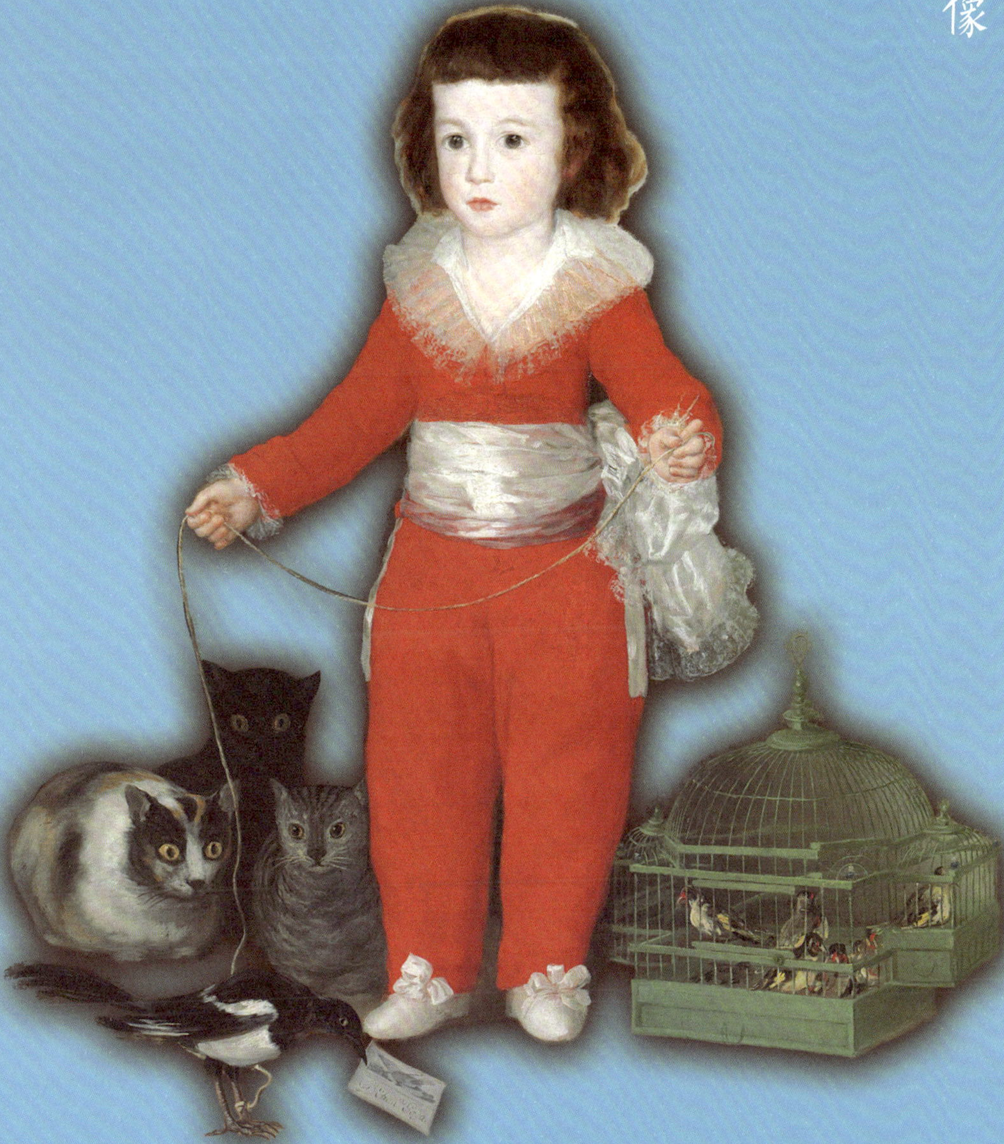

提着水罐的小女孩 (Girl with a Watering Can

[法国] 皮耶尔·奥古斯特·雷诺阿

Renoir

"照镜子画自己"（5-6岁）

目标

学着用绘画的语言来表达自己，不是完全照着画，而是凭印象去画。在创作过程中发展动手能力、眼睛的协调能力和对绘画的热情。

今天刚一上课，美术老师就在每一组桌子上放了五把小镜子和五张白纸，今天是画什么呢？为什么放这么多小镜子？只见老师又拿出了三张名画复制品，我一看全是关于儿童题材的肖像画。

名画欣赏

第一幅画

老师拿出的第一幅世界名画是雷诺阿的《提着水罐的小女孩》。

老师：各位绅士淑女们，你们看一看这幅画画的是什么呀？

【老师拿起一根长羽毛指着这幅画。】

小朋友：一个小女孩。

老师：这个小女孩在做什么呀？

小朋友：提着小水罐，拿着一把花，可能准备浇水。

老师：说得很好，她穿的裙子是什么颜色？旁边小路上花花草草又是什么颜色呀？

【小朋友们开始叽叽喳喳。】

小朋友：裙子是蓝色的，旁边叶子颜色也画成蓝色的，花是粉红色的，草是绿色的。

老师：你们都讲得很好。她穿了一件蓝色的裙子，为了衬托她，画家把旁边的玫瑰丛叶子也画成蓝绿色。玫瑰花的颜色与那小姑娘的皮肤色相同。看，她的嘴唇也是玫瑰红的。两只眼睛是蓝色的，头上的丝带与我们在小姑娘身边所看到的花一样红，她的手正紧紧地抓着水罐与花。

老师：你们知道，这幅画的作者是谁呀？他就是大名鼎鼎的雷诺阿。他最擅长画小女孩还有女士们。都画得很轻松，悠闲自得，非常漂亮。除了画女孩和女士们外，他也喜欢画自己，一幅自画像画于他58岁时，另一幅画于他69岁时，都画得面容消瘦，眼神也很疲倦，胡子花白而凌乱。除了雷诺阿世界上还有许多大画家都画过自己，其中最著名的是伦勃朗和梵·高。伦勃朗这个大画家在40年里画了60幅自画像。还有画向日葵的梵·高在10年里画了40多幅自画像。但是他们都并不把自己画得多漂亮、多好看，而是画出真实的自己，用自画像去表现自己的内心世界。

红衣孩童 (Don Manuel Osorio de Zuniga) [西班牙] 弗朗西斯科·戈雅

第二幅画

【小朋友们听得似懂非懂，但都惊讶于大画家们原来都这么喜欢画自己，这时老师又拿出第二幅世界名画，我一看这是西班牙现代绘画先行者——弗朗西斯科·戈雅的《红衣孩童》。】

老师：大家再看这一幅画，一个穿着红色衣服的漂亮小孩正在用绳子逗一只鸟，旁边还有两只肥猫和鸟笼子。这是西班牙大画家戈雅在1790年画的，这个漂亮的孩子大概和我们小朋友一样大吧。他们的年代穿的衣服和我们现在完全不一样。

老师：大家注意看他的脸部，非常苍白，眼睛睁得大大的，亮晶晶的。头发是卷卷的棕色头发，一副天真又严肃的样子。

95

男孩肖像（Portrait of a Boy）［古埃及］无名氏

第三幅画

【老师又拿出了一幅五官端正又清秀的男孩肖像，我觉得这幅画好眼熟，但想不起来它的出处，就仔细听老师讲解吧。】

老师：这个小男孩是古埃及的小男孩，可怜的他在一次不幸中，离开了人世。他的父母为了纪念他，请画家在亚麻布上用专门的胶质颜色、毛笔和刻刀一起画下他的肖像，再把他的画像覆盖包裹在他的棺材外面头顶的部位。这在当时是古埃及人的风俗，为了纪念死者，大概希望他们永生。

【小朋友们听着都很伤心难过的样子。】

老师：大家看这个小男孩画得多神气呀。他大大的眼睛，脸庞也轮廓分明，像真的一样。大家仔细看他的衣领部分，写了一排字是希腊铭文，意思是某某人的儿子。

老师：今天我们欣赏了三幅儿童的肖像画，现在我们也要自己画自己了，看谁画得最像自己。

创作自画像

课堂实录

一、材料准备

1. 每组桌子上各五把小镜子

2. 油画棒、铅笔、橡皮

3. 五张八开（26cm×37cm）的素描纸

二、教学过程

一共有四张桌子，每个桌子有五个小朋友围坐着，在桌子中间放了一个装满油画棒的盒子。现在小朋友们已在桌子旁边坐好了。

老师：请小朋友们拿起面前的小镜子，开始照着镜子画自己，觉得怎么像就怎么画，怎么开心就怎么画。

【只见小朋友们左手拿起镜子，右手拿起油画棒，认真严肃地看着镜子中的自己，大概平时照镜子也没有今天这样仔细过。不一会有些小朋友已开始动笔了，其中一个长得很壮实的小男孩，他大大黑黑的凹眼睛下，高高的翘鼻梁、小嘴巴，两个小腮帮鼓鼓的，憨头憨脑的。难怪一次小朋友们吃奶油蛋糕时，别的小朋友还在小心地舔着奶油，他的蛋糕一瞬间已在肚子里了。他黑头发、黑眼睛，是中东小男孩？还是南美洲的？是混血儿吗？有印第安人的血统么？我不得而知，只知道他的爸爸很宠爱他，每

97

步骤1：画上自己的脸部轮廓

步骤2：进一步画自己的面部五官

天都开着一辆大奔驰，西装革履地来接送他。我问我女儿这小男孩叫什么名字？女儿说他叫枯镁，只见枯镁今天才情大发，拿起油画棒，像吃奶油蛋糕似的，三下五除二的已画好自己的脸部轮廓。他先用浅色线条画上自己圆圆的脸庞，涂的黑豆豆的眼睛，深褐色的短发，微笑的嘴巴，还真神似呀。这时候教室里静极了，只听见油画棒和纸摩擦的声音。此时此刻小朋友们都充满了激情，先对着小镜子眨巴眨巴眼睛，再用油画棒和铅笔画起上眼睑下眼睑，中间再来颗"黑葡萄"，当然有的涂成"蓝葡萄"，有的涂成"灰葡萄"，有的涂成"褐色葡萄"。开始画鼻子了，也是各有千秋，形态各异。有的打两个点就表示是鼻子，还真像猪鼻子。有的把鼻梁线涂得粗粗的，大概想表现自己的高鼻梁。有的就干脆省略不画，直接画嘴巴了。最有意思的是画头发了，卷的、直的、长的、短的，颜色也是金黄的、淡黄的、中黄的、深褐色、煤黑等。这时我深深体会了美国的多民族大熔炉。】

【现在小朋友的脸部基本上画完了，开始画脖子，有的小朋友大概长得胖，就不画脖子直接画衣领。这时老师也开始说话了。】

老师：画完衣领这幅画就要结束了。画好的小朋友可以先交作业。

【此时此刻，小朋友们都画得差不多了，快交作业了。我突然发现这个班上有个从中国海南岛来的小女孩却还是一张白纸，一笔也没有动。老师和助教关切地走过去，问她为什么不画？鼓励她随便怎样画都可以。可是她一句话也不说，只摇头，一副心事重重的样子。老师又把其他小朋友画好的作品给她看，又鼓励启发了一番，可她还是不动笔。老师笑眯眯地走开了，没有说她什么。因为我认识这小女孩的妈妈，所以下课后我与美术老师为这件事聊了一会，我先谈了我的个人想法，我想这小女孩的性格也许不同寻常，她想得太多、太复杂，也许想画得和老师给的名画欣赏作品一样，形似又神似。小脑袋瓜条条框框多，所以迟迟不敢下笔。别的小朋友想得少放得开，三下五除二反而画完了。老师听完我的想法，没有多说什么只是回答道，反正我们是绝对不能强迫孩子的，只能尽量启发引导，他们能画多少就画多少。我觉得老师讲的很正确。这时我想起了一本日本名著紫式部写的《源氏物语》，

学生作品一：凯米自画像

学生作品5：枯镁自画像

学生作品4：露西自画像

学生作品2：玛索自画像

学生作品3：吉姆自画像

学生作品6：杰克自画像

在写主人公源氏之死时，整整一篇文章，作者只用了"云隐"这个标题，而无任何内容，一大片一大片的空白给读者留下了无尽的遐想。这种和作者主观态度紧密联系的手法真正达到了"不写之写"的效果。我想小女孩总不能达到大作家紫式部这样的境界。不管小女孩的心理如何，但美术老师这样宽松、包容、耐心和爱心的教学态度是完全值得我们学习的。】

总　结

　　这堂课是让孩子运用线条和构图，在一个平面上创造出直接可感的、具有一定形状特征的个人艺术形象。画自画像作为一种视觉艺术，具有强烈的直观性，对孩子有很大的感染力。

　　整个过程中教师关注孩子的亲身体验，并且让孩子充分地自由发挥，充分给予孩子亲自尝试与体验的机会。让孩子真切地观察自己的特征，力求打破传统美术中依葫芦画瓢的做法，追求幼儿认知经验与艺术表现的结合。

金鱼（The Goldfish）[法国] 亨利·马蒂斯

"玩泥巴真有趣"（5-6岁）

上美术课前10分钟时，我们的美术老师就背了一大袋粘土进来。接下来老师和助教们赶紧把四个桌子（工作台）上铺满报纸。再把每张桌子上放上五张塑料垫子，每个垫子上各放一块粘土。每块粘土都是老师从大塑料袋的粘土上一块一块掂量着分量捏下来的，一块差不多一盎司重，有鹅蛋大小，另外在"鹅蛋"旁再加上一个"鹌鹑蛋"，大概是为每个人多配一点点。每张桌子上还放了一些捏泥巴的工具：小塑料刀、小木片、小梳子等。当小朋友们好奇地看着老师和助教在忙碌着这一切，就猜到了今天要干什么了，早已摩拳擦掌，迫不及待了。就是，谁的童年没有玩过泥巴，就算没玩过田野里的真泥巴，也至少玩过橡皮泥吧。对了，介绍一下今天这个粘土的英文名字叫：Air-Dry-Clay，它有两种颜色，一个是赭石色，一个是白色，我们大都会选择用白色的。因为作品捏好后，只要一两天时间，它会完全自然风干（不需要烧、烤、微波炉转等）。等粘土干透后，可以用水彩色或丙烯色在白色上面涂抹装饰，使用非常方便，而且价钱便宜，在美国的超市和商店里的文具柜台上都有卖。

名画欣赏

和往常美术课一样，老师在让小朋友具体创作之前，总是从名画欣赏开始，今天老师又准备了四幅名画。

美国农场一景3号（American Farm Scene No.3） ［美国］库里、艾佛斯

第一幅画

老师： 这幅画是美国的库里和艾佛斯画的《美国农场一景》。大家看这幅画是100年前美国的农场，通过这幅画我们可以了解到100年前的美国是什么样的。你们看看，那时候农场里有哪些动物？

小朋友： 有牛、马、羊、狗、鸡妈妈和小鸡。

老师： 狗狗和鸡妈妈在干什么呀？

小朋友： 好像准备打架。

老师： 说得很好，你们再看一看，这幅画里有几个人呀？

小朋友： 3个人，有两个人站在门口，好像在说什么话。

老师： 说得完全正确。现在我们一起来看看，这幅画的前景在哪里？前景一般是在一幅画的最底部。所以这幅画的前景包括谷仓和前面的各种动物。【老师一边说，一边指着画。】

老师： 再找一找这幅画的中景在哪里？中景一般指的是画面中间的范围。

【好几位小朋友举手了，老师点了其中一位小朋友的名字，让他上来指一指范围，小朋友跑到画的面前，用手指着说。】

小朋友： 中景是农场田地和中间一些建筑。

老师： 完全正确，再看一看这幅画的远景在哪里？

小朋友： 是远处的小山。

老师： 又答对了。是远处的小山，画的颜色很淡很模糊。如果是远处的树，也要画得很小很模糊。

老师： 好，我们再看第二幅画。

第二幅画

这幅画是德国画家丢勒的《小野兔》，在画家画这幅画的时候，这世界上还没有发明照相机，所以画家想把这幅画画得和真的兔子一模一样。你们看丢勒把兔子的局部细节画得非常仔细。这种风格方法叫写实主义。

老师： 你们看这个兔子有什么感觉？是不是觉得它非常可爱，真想抱抱它，摸摸它柔软的毛。现在我想知道，哪些小朋友家里养了宠物，是些什么宠物？先请家里养猫的小朋友举手。

【有两个小朋友举起了手。】

老师： 请家里养狗的小朋友举手。

【有五个小朋友举起手来。】

老师： 还养了什么其他的宠物？

小朋友A： 我家里养了两只仓鼠，后来生了一大堆小宝宝鼠。

小朋友B： 我家里养了热带鱼，有时候大鱼要吃小鱼，我妈妈又去买了小鱼缸分开养。

【这时，一个小男孩一边举手一边站起来，他激动地说起来。】

小男孩： 我家里养了几只鸡和一只猫。在我家院子里，有一个两层楼的鸡笼。每天早晨，我爸爸就打开鸡笼，让鸡们在院子里玩一天，到了晚上鸡们才回鸡笼睡觉。结果有一天，猫咪跑进了鸡笼，爸爸不知道，晚上把鸡和猫全关在鸡笼里。第二天早晨，一打开鸡笼门，猫第一个跳出来，只见猫头上、身子

小野兔（Young Hare） [德国] 阿尔布雷特·丢勒

上，掉了好几处毛。再一看，有三只鸡的翅膀都受伤了。

【小男孩这样讲着，所有的人都听呆了。】

老师：太惊险了，以后你家晚上关鸡笼时，一定要小心，不要再把猫关进去了。那天晚上几只鸡和一只猫一定打了一晚上架。

【在场所有人都笑了。】

老师：刚才这么多小朋友介绍了家里的宠物，说明大家都很喜欢小动物。等一会我们就要用泥巴捏自己喜欢的小动物。现在我们再回到这幅丢勒的兔子上，你们看这幅画，光线从哪里来，哪边是阴影？

小朋友：光线从左边来，右下边有阴影。

老师：对的，你们再观察这幅画，画家在什么地方写上他的名字记号?

【几个小朋友举手了。】

老师：杰克小朋友，请上来指一下。

【一个小男孩跑上去，用手指着画的右下角有记号的地方。】

老师：对的，画家签名一般都在画的右下角，我们以后画画的时候，也要把名字写在右下角。下面我们再来欣赏第三幅画。

第三幅画

老师：第三幅画是马蒂斯的《金鱼》。马蒂斯这个画家有和别的画家非常不一样的风格，他画的画颜色非常鲜艳，非常明亮。对了你们还记得什么是三原色（Three Primary Colors）吗? 你们能在这幅画里找到三原色吗?

【一个小朋友举手后，跑到画前指出了三原色：红、黄、蓝】

老师：很好，你们还能在这幅画里找到其他什么颜色吗?

小朋友：有绿的、紫的、黑的和灰的。

老师：很好，你们喜欢这幅画吗? 看了这幅画你们有什么感觉?

小朋友：感觉是在家的院子里。

小朋友：看了以后觉得自己像金鱼一样游泳。

小朋友：想到花，想到植物都在生长。

老师：你们非常有想象力。还有最后一个问题，你们认为马蒂斯在画这幅画时，这世界上的照相机发明了没有?

小朋友：也许发明了吧。

小朋友：没有发明。

老师：世界上第一台照相机是1839年法国人达盖尔发明的，而马蒂斯是1869年出生的。所以在马蒂斯画这幅画时，已发明了照相机。还记得刚才我们看的丢勒画的《小野兔》吗? 因为丢勒在画这幅画时，还没有发明照相机，所以他要画得很逼真。而马蒂斯在画这幅《金鱼》时已有了相机，画得像不像已不重要了，他主要是画出心中的感受。

两只猫（Two Cats） ［德国］弗朗茨·马克

第四幅画

【老师又在架子上放好了第四幅画。】

老师：我们再来欣赏最后一幅德国画家弗朗茨·马克画的《两只猫》。在这幅画里，你们看到什么动物呀？

小朋友：好像是只猫，但也像狐狸。

老师：画的是两只猫，前面是蓝色的猫，后面是只黄猫，因为画家是德国表现主义画家，所以画的猫不像刚才我们看到的丢勒画的野兔那么真实细致。也许画家在这幅画里运用了很多自己的想象。你们在这幅画里看到几个动物呀？

小朋友：就两只猫吧。

老师：除了两只猫，还有一只老鼠藏在画的右下角只露出了屁股和尾巴。

【老师一边说，一边用手指指着画面上的老鼠。】

老师：你们看这幅画上，画的猫毛，像不像真的猫毛呀？

小朋友：不像。

老师：你们看这两只猫在干什么呀？

小朋友：前边的蓝猫在舔自己的腿，后面的黄猫在睡大觉。

老师：说得太好了。你们再看这幅画里有什么线吗？直线还是曲线？

小朋友：是曲线。

老师：对了，再看看有什么形状？

小朋友：有圆形、椭圆形和三角形。

老师：再看看，什么是前景，什么是背景？

小朋友：蓝猫和老鼠是前景，黄猫和远处的房子是背景。

老师：完全正确。

课堂实录

创作粘土动物

一、材料准备

1. 白色粘土、塑料垫子、牙签、吸管、毛笔、洗笔杯

2. 水彩颜料、纸盘子、羽毛

3. 各种各样的小扣子、胶水

二、教学过程

老师：刚才我们看了好几幅关于动物的世界名画，现在我们也要用粘土做一个四条腿的动物，所以不要做蛇。而且我们还要向那些大画家学习，创作的作品要有个性，比如要做出自己喜欢的动物，或站或坐或躺。

老师：好，大家看好，跟我一起动手做。老师刚才在每个小朋友的垫子上放了一块大粘土，一块小粘土。我们可以把小粘土当作动物的头，一大块粘土分成一个身子和四个腿。

【小朋友开始把一大块粘土按照自己设计的动物分成身子和腿。】

老师：现在我们把做动物身子的这块粘土放在手里滚、捏、压。如果是做大象的就捏成圆圆大大的，做鳄鱼的就捏成细细长长的。

学生作品1：黄色的花猫

Title: CAT
Artist: Kelley Zhang
Medium: Model Magic Clay
Project: Clay Animals
Teacher: Mrs. Michael   Grade: K

学生作品2：小猫踢足球

学生作品3：蓝色的乌龟

【小朋友拿着粘土，使劲地搓呀、捏呀，做成了不同的动物身子。】

老师：我们再把那一小块粘土做成头，再挤出脖子。头或大或小、脖子可长可短。头可以挤出两只耳朵和鼻子，但要注意不要挤太薄或挤破了。

老师：慢慢地做，做完头后先放在旁边，再把四条腿搓成短短粗粗的腿，像巧克力糖一样。不要搓成细细长长的腿，容易断。搓成四个腿后，再把腿粘在身体上，把腿粘紧压紧，头部也用同样的方法。

【小朋友在老师的指导下使劲地揉着、捏着。有个小女孩从她做的猫咪头上挤出了两个小耳朵再挤出一个小鼻子，再用牙签戳出一个猫嘴巴，忙得不亦乐乎。最后又把搓好的四个腿和猫尾巴往猫身上粘紧，一不小心把猫耳朵挤掉了一个，她赶紧再挤一个，结果猫脸挤得有些变形了。一个做大象的小男孩把身子做得肥肥大大，四个腿也搓得粗粗壮壮，最后捏出了两个象牙和两个大耳朵，再挤出一个小尾巴，谢天谢地，他还算顺利的。】

老师：现在有的小朋友做了个小猫咪，有的捏了个恐龙，有的捏大象，有的还做了只澳大利亚的袋鼠。做完的小朋友就给小动物摆个姿势，站着或坐着或跑步的姿势。然后把小动物放在一次性的纸盘子里。等明天粘土干了，我们就给小动物身上涂上颜色打扮起来。

【小朋友又开始给小动物摆造型了。刚才捏小猫咪的小女孩又给猫咪捏了一个小皮球。摆出了猫咪踢球的样子。最后小朋友们都在自己的纸盘子上放好了自己做的动物，然后在盘子边上写上自己的姓名。老师和助教们把一个个盘子小心翼翼地端在架子上放成一排排，等第二天上颜色。】

第二天，架子上的泥塑动物差不多干了，老师按盘子上的姓名把泥塑动物分发给了小朋友。小朋友拿起了毛笔，在调色盘上蘸着水彩颜料给自己亲手捏制的小动物"打扮"了起来，涂得花花绿绿。有的小朋友用羽毛或钮扣蘸上一点胶水粘在动物身上，作为点缀和装饰。最后老师给每个小朋友发了一个圆形的小木板，让小朋友用胶水把泥塑动物固定在小木板上，一件大作便完成了。

总 结

看着一件件憨态可掬的泥塑小动物，我想起老师和助教们在整个制作过程中，从头到脚都没有帮小朋友捏一下粘土，完全让小朋友自己在鼓捣。老师只是在前面拿着粘土一个步骤一个步骤地捏着给小朋友看。因为老师认为小朋友的作品要有小朋友自己的特点，所以大人不要动手帮他们制作。

让幼儿在一定范围内，自由地选择泥塑对象，一方面以幼儿原来的经验，他们还不会独立地捏出一个形象的特征，因此老师需要引导启发和示范。另一方面也可让幼儿通过摆弄，对泥巴的颜色、气味、手感、形状等积累直接而丰富的感知经验。

材料准备：大号油画笔、各种颜色、卷筒纸、模型鱼

步骤1：准备各种真的海鱼

"拓印一条肌理鱼"（5－6岁）

目 标

用拓印画表现对故事的印象，
并且感受肌理的节奏、力度变化。
在动手实践中运用传统媒介和新材
料来创造作品。

今天在美术课开始上课之前，我和美术老师就把几张课桌搬到了教室外靠墙的位置，一字排开，桌子连桌子。再用报纸把桌子覆盖得严严实实。接着在铺好报纸的桌子上摆放了几盘颜料，有金粉色、赭石色、熟褐色、棕黄色、红色和银色，所有的颜料都属于荧光色，闪闪发亮。另外还准备了几只大号的油画笔，还有擦手的卷筒纸。最好玩的是老师在桌子下面的网兜里，放着几条刚买的新鲜鱼，全是海鱼，共五条，每条差不多有一尺多长了，另外还有一条假的橡胶做的鱼的模型。另外老师还给全班小朋友每人准备了一件全棉质地的雪白色T恤衫。

今天上课还真跟平时不太一样，老师没有像往常一样欣赏世界名画，而是给孩子们讲了一个有趣的童话故事。

讲故事《彩虹鱼》

老师：今天我给你们讲一个好听的故事，叫《彩虹鱼》。从前有个小狐狸，从小就是个小画家。看，他在小书桌上放好一张白纸，就在调色板里挤上赤橙黄绿青蓝紫，七种颜料。他呀，准备来一幅大作，好给爸爸妈妈一个惊喜。画什么呢？就画鱼吧，因为他最喜欢画鱼，什么蜡笔画的毛毛鱼，圆珠笔画的蓝色鱼，铅笔画的素描鱼等他全画过，今天就画个水彩鱼吧，只见他在白纸上先

步骤2：在真的海鱼身上涂抹颜料

步骤3：也可以在模型鱼身上涂上颜料

用黑色线条画一个鱼的形状，又用灰色全部涂灰，再用毛笔蘸上白颜料在上面打点点画上花纹，结果呢？白颜料一下全化开了。呀，画得黑乎乎的一团，像一条烂鱼，气得他把纸揉成一团扔了。他不想再画水彩鱼了，就拿着毛笔和颜料盘去水池边洗干净。咦？他突然看见水池下面的篮子里放着一条又肥又大的鱼。一定是妈妈买回来准备烧晚饭用的。只见这条鱼真漂亮，黑黑的眼睛，身上的鳞片闪着光亮。他想，我为什么不让这条鱼帮我一起画画呢？小狐狸把鱼拿到了画画的桌子上，又把那条鱼放到桌子的正中间，拿起画笔在鱼身上涂起颜料来——

先抹上一道红颜料，

再抹上一道橘红色，

又来上一道黄颜料，

接下又一道绿颜料，

再是两道道青和蓝，

最后结束是一道紫。

赤橙黄绿青蓝紫。哈，一条鱼变成了彩虹鱼，接着他拿起一张白纸，朝鱼身上一盖，再转过身用他的狐狸尾巴在白纸上轻轻地揉来揉去。揉了好一会，他转过身揭开纸。哇，白纸的反面印上了一条彩虹鱼。他觉得自己从来也没有画过这么漂亮的画。小狐狸拿起自己的大作喊道："妈妈快来看呀，我画了一条彩虹鱼。"妈妈跑来一看吓一跳，今天画的鱼怎么像大师的作品，刚要表扬小狐狸，突然看到桌子上放着一条"彩虹鱼"。她说："这不就是我买来的鱼吗？怎么身上会有这么多颜料呢？"

【故事讲完了，小朋友们的眼睛还盯着老师，呆了，一个个意犹未尽的样子。】

老师：故事好听吧？今天我们也学小狐狸，开始给鱼涂上自己喜欢的颜料，再把鱼盖在白纸上拓印，最后看变成了什么？最后每个人再将鱼重新盖在自己的白 T 恤上，让爸爸妈妈看看，漂不漂亮。因为这是我们自己画的衣服图案呀。

步骤4：将鱼身上有颜色的一面压按在白纸上，然后将鱼从白纸上拿开

步骤5：鱼的图案已经形成

拓印鱼的过程

1. 在白纸上拓印鱼

老师把全班小朋友分成四组，每组五人。一次出来一组在教室外事先准备好的工作台上开始拓印画，其余几组小朋友在教室里听另外一个老师讲解数学。第一组画画结束了再换另一组。

这时，美术老师和三名美术助教站在教室门口，美术老师对着教室里叫小朋友。

老师：第一组小朋友请出来，在教室外的桌子旁站好。

【五个小朋友连忙跑出来，站在桌子旁，好奇地看着桌子上的几条新鲜鱼，几名助教分别把五条鱼放在每个小朋友的面前。】

老师：请小朋友拿起油画笔蘸上自己喜欢的颜料，直接涂在鱼身上，像刚才老师讲的小狐狸一样，把鱼涂成彩色的鱼。

【小朋友们拿起毛笔，有的蘸了红色，有的蘸了黄色，胆怯又小心翼翼地在鱼身上涂了起来。马上，他们的脸上露出了欣喜的表情，毕竟以前都是拿着毛笔在纸上画画，今天怎么在鱼的身上也画了起来。他们也想学小狐狸画条彩虹鱼，可惜老师给的颜料并不多，就画个彩条鱼吧，他们把鱼一半涂上金色、一半涂上红色，再把鱼眼睛涂上褐色，鱼尾巴涂上银色。一会儿，五个小朋友大笔挥毫，五条鱼身上全涂满了颜色。这时，老师和助教们连忙在每个小孩面前放上一张白纸，自己也赶紧戴上一次性手套，然后小心翼翼地拿起鱼，把鱼有颜色的一面果断地放在白纸中间。】

老师：好，现在老师把鱼像盖图章一样盖在白纸上，请小朋友右手戴上一次性手套后，用手压一压这条鱼，让鱼和纸更紧地贴在一块儿，但小心不要移动这条鱼。

【小朋友连忙把右手带上手套，急不可待地去压一下这条鱼，让颜色和纸充分接触。一分钟左右后，老师觉得差不多了，和助教们把鱼从白纸上揭

步骤6：拓印一条大鱼，将鱼斜放在白色T恤上

步骤8：再来拓印一条鲳鱼

步骤7：在T恤上形成斜构图

步骤9：在T恤的正中央构图

学生作品1

学生作品2

123

开，只见一个闪着亮光、不同色彩的斑斑驳驳的像千万年的鱼化石图形出现了。小朋友和老师、助教们都惊喜地欣赏一起努力合作的成果。】

2. 在T恤衫上拓印鱼

老师：接下来我们要拓印自己的T恤衫，请小朋友再一次用油画笔和刚才用的同样的颜料把鱼再涂上一遍。

【小朋友又拿起油画笔和刚才用过的同样的颜料把鱼再涂完一遍，老师和助教们又在每个小朋友面前放上一件雪白的全棉T恤衫，像刚才在白纸上拓印鱼的图形的全过程一样，又在T恤衫上盖上了一个鱼标本化石图形，只不过这鱼标本化石图形在雪白T恤衫的衬托下更加栩栩如生、更加生动，颜色更加丰富起来。】

老师：好，这一组小朋友结束了，请回教室，我们换下一组小朋友。

【五个小朋友回到教室里，又出来新的一组五个小朋友。这时助教们已经把那五条鱼擦得干干净净，让小朋友再来一遍。当每一组小朋友的全棉T恤拓印完后，助教们会赶紧把T恤拿到院子的石凳子上，在阳光下晒干。等放学时，T恤衫完全干透了。当每位小朋友手拿着一件自己亲手拓印的衣服（都不肯放进自己的书包里），一看见爸爸妈妈出现在教室门口，连忙急不可待地飞奔过去，打开T恤展示自己的劳动成果，心中别提有多骄傲。】

总 结

老师可以有意识地为孩子创设一定的情境，提供引起孩子联想的材料：一个故事、一首儿歌、一首曲子、一幅名画、一个形状，来引起孩子想象的兴趣和创作的动机。通过联想，塑造出各种不同的形象，以发展儿童的创造性思维能力。

本堂课选用了童话故事《彩色鱼》，让幼儿在理解、欣赏故事中，感受故事的趣味，又用真鱼来作为画画的材料，让幼儿体验和感受材料的真实性和丰富性，很好地调动了孩子的积极情感。

第十一堂课：木工课制作玉米衣玩偶

学生作品1：全家福

学生作品2：姐弟俩，比高矮

学生作品3：亭亭玉立的苏菲

"我爱大自然"（5－6岁）

几百年来，美国大部分的移民来自欧洲，所以美国的传统文化强烈地保留了欧洲的传统。就像欧洲人的生活喜欢融合在自然田园中，讲究人与自然的和谐相处，在美国，人们在居家生活里也不断地与树木花草等一些自然材质相遇。

在美国的学校里，人与自然紧密相联。孩子们在老师的鼓励带动下很喜欢动手自己做。从木制工艺品到手工织品，用木头、石块、泥巴、干花、干草等一些可利用的自然材质，自己做生活用品和小礼品。不仅锻炼了动手能力，更培养了创造力。而美国前总统克林顿提出了"绿色化学挑战计划"后，废物利用的观念被提高到一个新的高度，孩子们从小就学会变废为宝，废物利用，既经济又环保。比如在美国学校木工课上，孩子们先在住家周围或公园里捡藤条、猫柳，还有满地的松果、树枝，带到学校后，有的用藤条编花篮或做大型的动物装饰，比如小鹿、兔子，有五六十厘米高呢！甚至可以用藤条做书架，先用铁丝搭好架子，再把藤条缠上去，一圈一圈围绕着，非常结实。还有一些学生把松果涂上金粉或银粉，做成圣诞花环，挂在自家大门上。我们再看看美国幼儿园的木工课上，孩子们都在做什么？

众所周知，美国的甜玉米非常好吃，又嫩又甜，包在玉米棒外面的一层层叶子叫玉米衣，玉米衣是不能吃的，一般我们都扔掉了，但是在美国幼儿园却废物利用，利用玉米衣做起手工来。制作玉米衣玩偶也成了美国幼儿园的必修课了。在动手制作前，老师选择了五幅世界名画给小朋友欣赏。

名画欣赏

第一幅画

这幅是老彼得·勃鲁盖尔的《收割》。这位画家是16世纪最伟大的画家，是欧洲独立风景画的开创者，同时被誉为专画农民生活题材的天才。

老师：你们在这幅画里看到了什么？

小朋友：看见了大人在吃饭，还有三个大人在收割庄稼。

小朋友：看见了把庄稼堆成了"小帐篷"。

老师：非常正确，你们以前看见过农民收割庄稼吗？这个工作看起来是简单还是很复杂？

小朋友：从来没见过。

老师：可能因为我们都生活在大城市里，很少见到农民干农活。你们再看看这幅画里主要的颜色是什么？

小朋友：金黄色。

老师：正确，你们感觉到这幅画里应该是什么季节？

收割（The Harvesters）　［荷兰］老彼得·勃鲁盖尔

小朋友：秋天。

老师：是秋天。你们再看这幅画里的前景是什么？中景是什么？背景是什么？

小朋友：前景是大人们在吃饭和劳动，中景是金黄色的庄稼，背景是远处的山村和湖水。

老师：回答得很精彩，前景除了农民们在吃饭和劳动，还有一棵大树给人们遮阴休息。为什么在大树下的人看起来比劳动的人要大些？

小朋友：因为大的人离得近些，小的人离得远。

老师：这叫近大远小。

第二幅画

老师又挂出了第二幅画。

老师：这幅画是法国著名画家米勒的《拾穗》。你们知道，什么是拾穗？

小朋友：是不是捡东西？

老师：就是谷物收割完毕之后，一些人在田地里捡起落下的剩余麦穗。

老师：米勒生活在一百年前，他是农民的儿子，他喜欢画一些贫穷农民的单纯生活。在你们祖父母和曾祖父母的年代，米勒作品的印刷品被挂在每个学校的教室里，可见当时的人们多么喜欢米勒的画。我们现在再回到这幅画里，谁能在这幅画里找到水平线？

【老师从很多举手的小朋友中选出了一名，他跑到画前，指出了水平线。】

老师：正确。我再提一个问题，你们知道美术术语"重叠"是什么意思？比如，我们看这幅画，两位靠左边的拾穗妇女，一位个子小点的靠近另外一个妇女，这叫"重叠"。我们再看背景里的三个巨大的草堆，一个在前，一个在中间，一个离我们最远，这也是"重叠"。

【老师一边说，一边用一根彩色羽毛在画上比划着。】

拾穗（The Gleaner）　[法国] 让·弗朗索瓦·米勒

第三幅画

老师：这幅画是法国大画家德加的《新奥尔良棉花事务所》，你们还记得什么叫肖像吗？肖像是指描绘一个人的外观，特别是人的脸部。你们现在数一数这幅画里，有多少人在这间办公室？

【小朋友有的数成8个人，有的数成12个，有的是11个……】

老师：来，我们一起数，1、2、3、4、5、6、7、8、9、10、11、12、13、14，共14人。

老师：很多时候，一些画家没有钱请到模特儿，就让自己的家人和朋友做模特。德加也是这样，在这幅画里，一个在最左边靠窗学习的人，还有一个在办公室中间看报纸的人，他们都是德加的兄弟，在远处坐着的一个人是德加的亲叔叔。

老师：你们在这幅画里看到了什么颜色？

小朋友：绿色和橙色。

老师：非常正确，另外在这幅画里我们还能找到黑、白、灰三种颜色，这三种色是没有色彩的，我们叫它们无彩色。

第四幅画

这幅画是法国画家古斯塔夫·卡耶博特的《刮地板》。

老师：这幅画又是100年前画的。画的是三个男人把地板上的旧油漆刮掉，准备涂上新漆，这种工作在我们今天是用机器打磨的。可那时候还没有发明这样的机器，只有靠人拿着工具去打磨地板。

老师：现在谁能告诉我，在这幅画里，这几个男人看起来是不是很辛苦？

小朋友：是的，都没有穿衣服，因为辛苦地流汗了。

老师：对，从发亮的皮肤看，都出汗了，而且他们上身的肌肉一块块隆起，显得很用力并且很吃力。

老师：请问这幅画里，光从哪里来？

小朋友：从窗户里射进来。

老师：对的，光反射到地板上和男人的身体上，留下了阴影。还有一个问题，你们在这幅画里看到了什么线条和形状。

小朋友：看到了地板线，窗户栅栏的曲线，男人手臂也是曲线，还有墙上木板装饰面是长方形的。

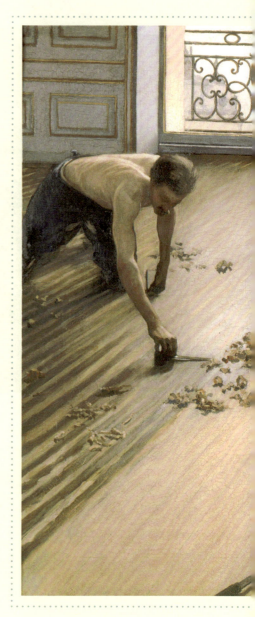

刮地板（The Floor Scrapers）
[法国] 古斯塔夫·卡耶博特

老师：说的太好了。我们再看一幅关于人们在办公室工作的画。

【老师又从大画夹里抽出了第五幅画。】

第五幅画

老师：我们今天欣赏的最后一幅画是法国大画家雷诺阿画的《莫奈在花园里绘画》，这幅画也是表现一个人在工作，他在干什么呀？

小朋友：在画画。

新奥尔良棉花事务所（A Cotton Office in New Orleans） ［法国］埃德加·德加

老师：对，这个画画的人叫莫奈，也是100年前法国的大画家，雷诺阿画的是莫奈正在自己的花园里写生。你们知道吗？在雷诺阿和莫奈之前的画家总喜欢关在室内画画，哪怕是画风景和海景。但是到了雷诺阿和莫奈这个时期，画家们开始喜欢跑到室外写生画画。他们喜欢描绘阳光照射的光影，喜欢大自然的雾气和雪景。他们叫这个"印象派"。

老师：当你们第一眼看到这幅画时，最先看到的是什么？为什么？

小朋友：我第一眼看到的是莫奈在画画，因为莫奈整个人是深蓝色，颜色很深，我第一眼就看到他。

小朋友：我最先看到的是红花，因为红花很漂亮，我第一眼就看到它。

老师：讲得太好了，你们再看这幅画，篱笆分开了前景和中景。你们在前景里看到了什么？

小朋友：画家莫奈和画架。

莫奈在花园里绘画（Monet Painting in His Garden） ［法国］ 皮耶尔·奥古斯特·雷诺阿

老师：正确，在中景里又看到了什么？

小朋友：是树和花。

老师：正确，在背景里看到了什么？

小朋友：看到了远处的房屋。

老师：太好了。最后一个问题，画家雷诺阿是怎么让一些东西看起来很近，一些东西看起来很远。

小朋友：近处的东西画得大，远处的东西画得小。

小朋友：近处的东西画得清楚，远处的东西画得模糊。

老师：很有道理。今天我们欣赏了五幅人们在工作劳动的名画，其中我们看到人们在收割庄稼，妇女在捡拾麦穗，画家在画画，这三幅画都是在大自然的环境里工作的场面。现在我们也要用玉米衣做玩偶，来表现我爱大自然。

课堂
实录

玉米衣玩偶制作

一、材料准备

老师准备了很多玉米衣，这些玉米衣是从商店里捡回来的，上课之前先放在水里泡一段时间，再放在蒸锅里蒸一蒸，这样玉米衣就变的很有韧性，易于折叠和弯曲，而且颜色也从深浅不一的黄绿色变成了统一的黄色。除了玉米衣外，老师还准备了细棉绳、色彩鲜艳的小碎布、毛线、小扣子和马克笔。

二、教学过程

老师先给每个小朋友发了三片玉米衣，老师手上也拿了三片玉米衣。

老师：大家跟着我一起做，把这三片玉米衣叠在一起，上面对整齐，下面用剪刀把参差不齐的部分剪整齐。尽量少剪点，好留长些。

【小朋友一个个用剪刀小心地剪着】

老师：剪整齐了吗？我们再把这三片叠整齐的玉米衣竖着从中间对折，变成一个圆柱形似的，这就是小玩偶的身体了。接下来用一根小棉线在圆柱形四分之一的地方扎出一个小脑袋来。

【老师拿了一段小棉线，估计出小玩偶脖子的位置，然后用线系紧挤出一个玩偶的脑袋，并打上死结，老师边讲边示范着，小朋友认真地照着老师做着。】

老师：我们先在圆柱体的中间位置上系上小棉线，并打上死结，挤出玩偶的胸脯和小肚子来。

【小朋友又照着老师说的用棉线挤出玩偶的胸部和腹部。】

老师：好，我们再开始给小玩偶装上两个胳膊，每人拿出一片玉米衣，把它竖着搓成一根细卷，我们把这根细卷插进圆柱形的脑袋和胸脯中间的位置。

【因为这个步骤有点难度，老师和助教走到每个小朋友的桌旁，帮助没有办法独立完成的小朋友把玉米衣细卷小心地插入圆柱体中。】

老师：看看，像不像一个小人啦？好不好玩？我们再把胳膊两端系上细棉线，变成两个小手。

老师：接下来我们再开始把小玩偶打扮得漂漂亮亮。你们可以用两个纽扣当成眼睛贴在小玩偶脸上，用红色马克笔画一个小嘴，用毛线做成头发，用小碎布给她做件花裙子等。

【在老师和助教的带领下，小朋友兴致勃勃地动起手来。有的不用纽扣，直接用黑笔在小玩偶脸上画出眼睛，有的把黄毛线剪成一段段的，用胶水贴在小玩偶的头上当黄头发。有的用细布条做成蝴蝶结戴在小玩偶头上，有的用小碎布围在小玩偶腰上，当成小裙子。总之，每个小朋友都高兴得不得了。】

在美国幼儿园，每个孩子都可以是自己生活的艺术家。制作出漂亮的手工艺品不单是一种技能，更是把美与感动送给自己与别人。比如到了母亲节前，老师让全班 20 个小孩拿起针线，手把手一针一线教小孩子做起胸花。当母亲节这天，妈妈们接到孩子亲手做的胸花，佩戴在自己的胸前，心里会是怎样的一种自豪与欣慰。

在北美最大最有名气的建材商店，如 Home Depot 每个月第一个星期六上午，为孩子提供免费的木工课，每个月的主题都不一样。有时是做放调味品的架子，有时是做潜望镜，有时是做昆虫的笼子……孩子系上围裙，看图纸、拿锤子、敲钉子、锯木头，然后上漆，个个都是"小木匠"。孩子们回到家，看到父母也是自己装修房屋、制作家具、设计庭院，或者烧玻璃、制作银饰、

步骤1：将3片玉米衣叠在一起，展开放平整

步骤2：对折

步骤3：在三分之一处系上线，挤出小脑袋

步骤4：用另一片玉米衣卷成细卷，剪成两段做胳膊

步骤5：系上线，挤出小手

步骤6：插入小胳膊

步骤7：小人的形状出来了

步骤8：在眼睛处点上胶水

步骤9：粘上黑纽扣当眼睛

步骤10：整理局部

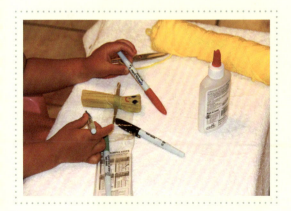

步骤11：画上小红嘴

步骤12：装上黄头发

画瓷杯、做陶艺，就会很有亲切感。人们用手工艺表达自己，从生存需要到休闲嗜好与工艺设计，人与大自然一起合作出来的作品，散发着一种既简约又诗意的美。孩子们从小就在耳闻目染中慢慢长大，自然而然就会爱上艺术，爱上DIY，并且从小就有一颗既热衷环保又热爱大自然的心灵。

总　结

美国小孩爱动手、爱劳动、爱花、爱草、爱动物，就像生物学家达尔文说的：我爱大自然的一切，我毫无保留地去爱，甚至不加思索地去爱。这是这堂课给我最深刻的印象。

让孩子尝试使用折叠、压扁、对齐、系紧、打结等方法塑造简单的玩偶造型，并运用剪贴添画等综合绘画方式来表现玩偶的外形。在这样的活动中，将其生活体验和热爱大自然的情感转化为具体、可视、可感的视觉形象，发展其审美创造能力。

学生作品4：姐妹俩

爱默丽太太给小朋友们传看编织的围巾

爱默丽太太讲解地上的编织地毯的色彩组合

"小小图案设计师"（5-6岁）

目 标

开始认识构成艺术品的不同种类的线条，有自然线、人造线、垂直线、平行线、斜线、曲线。知道线的排列组合可以构成图案装饰，尝试自己动手去排列组合线条。以此了解线的概念和美术设计与工艺的基本程序。

今天伴随着上课打铃的声音走进来一位老太太，少说也有七十岁了。她应该是位退休老师来临时代课的。还没有听她开始上课，只从穿衣打扮、举手投足，就知道她是位风度翩翩、气质不凡的老人。在美国，打扮得花枝招展、珠光宝气或者比年轻人还酷酷的老太太我见得多了。但今天这位却不同寻常，直让人感到肃然起敬。只见她一头褐色的短发，脸上满是皱褶，脖子也因岁月的流逝而松弛了。但是她挺拔苗条的身材却让我惊讶，只见她上身穿一件暗绿色格子长袖衬衣，把衬衣下摆塞进下身的浅灰色牛仔裤里，秀出一双长腿。从衣服的档次质地就让人感到主人的殷实富有，但那殷实富有是含蓄厚道的，按照现在流行的说法叫低调的奢华。

只见她往讲台上放下大包小包，就从牛仔裤的口袋里掏出一串钥匙，把其中一个钥匙放在嘴唇上，突然吹出一段悠扬的小曲，原来一串钥匙中有一把小口琴。她从走进教室到现在还没开口说句话，但一段小曲，让所有的小朋友马上兴奋起来，高兴坏了。从来还没有见过这么好玩的老师。终于老太太开始说话了。

讲故事

爱默丽太太：我叫爱默丽，很高兴认识各位，今天我来为大家上一堂非

花样编织1：非洲的纺织布拼凑毯

花样编织2：非洲的纺织布拼凑毯

洲的编织画。开始我先为大家讲一段小故事，这个故事也许是真的，也许是后人杜撰的。在很早很早以前，非洲的人都还没有衣服穿，因为没有布。为什么没有布呢？因为人们都不会织布，不知道布是怎么做成的。天冷的时候，只用兽皮把自己包裹起来。一天有两个人在一起聊天玩耍。突然，他们看到墙角有两个蜘蛛在织网。他们觉得很有趣，就仔细观察起来，只见蜘蛛一圈又一圈地爬着，一边吐丝一边织成一张很有规律的网。他们看到后受到了很大的启发，就找来了很多稻草也学着蜘蛛织网的方法，先把两根稻草十字交叉，再把第三根、第四根、第五根等，很多很多的稻草一上一下一左一右地排列起来，慢慢地变成了一张草席。后来他们的朋友也学着做了很多草席，这种草席都是天然的色彩。为了漂亮，他们把一部分稻草染色，染成不同的颜色，再编织成有花纹和色彩的草席，这种花纹成了最早的纹样也叫花边纹样。后来这种编织方法用到很多需要装饰的地方，比如用石头穿成的项链手链，还有皮带腰带上的装饰。这种花边纹样是用一个单独纹样不停地排列重复形成了连续纹样。比如在色彩排列上连续使用红色、蓝色、红色、蓝色等等，英文叫这种排列是"Pattern"。后来这种方法也慢慢一传十十传百，很多人学会了。其中有人就用棉花和动物毛搓成棉线和毛线再编织成布和毛毯。做衣服的布就这样发明了。你们看，我今天带来了一些漂亮的花布和毛围巾。大家互相传着看一看，毛围巾的针脚和织法花纹，再摸一摸它的手感和质地。

欣赏编织工艺品

爱默丽太太讲了半天，小朋友都听得入迷了。只见爱默丽太太又从带来的大包小包里掏出了花布和围巾，又举起了自己的两个包。原来这两个包都是毛线编织的，不但颜色搭配得艳而不俗，上面排列组合的花纹更是精美。她把两个包包和花布、围巾分别放在了几个小朋友手上，让他们看完摸完后就传给其他小朋友看。这时小朋友们都非常安静地轮流传看着这些编织工艺品。每一件只要传到哪个小朋友手上，这个小朋友就会睁大眼睛，仔细抚摸着观察着。就这样每个小朋友看完一遍后，把东西还给了爱默丽。老太太又开始提问了。

爱默丽太太：谁能告诉我，你最喜欢的颜色是什么？

小朋友：柠檬黄。

爱默丽太太：（故作惊讶状）啊，这是最明亮的色彩。

爱默丽太太：（拿起一围巾）你们看这围巾上是些什么颜色？

小朋友：（叽叽喳喳）有咖啡色、暗红色和暗绿色。

爱默丽太太：在这里，咖啡色应该叫赭石色，暗绿色应该叫墨绿色，这样叫就更准确些。总之，小朋友能看出这么多复杂的颜色很了不起。

爱默丽太太：你们刚才每个人都摸了这些花布和围巾有什么感觉？是不是觉得很柔软舒服？

小朋友：是的，我像抱着一只胖猫似的。

小朋友：我感觉热乎乎的。

小朋友：我觉得不舒服，痒痒的。

爱默丽太太：对，每个人都有不一样的感觉。到了冬天我们就需要围巾了，现在我教大家花样编织手工。

花样编织3：非洲的工艺美术毯

花样编织

一、材料准备

1. 一张里面已剪开成一条条的红色卡纸（14.5cm×21cm)

2. 有花纹的小纸条(2cm×21.5cm)　　4. 彩色铅笔和橡皮

3. 蓝色小纸条(0.5cm×29.5cm)　　5. 胶水

二、教学过程

爱默丽太太举起一张红色卡纸，卡纸内已划开了五条缝，她又拿起了一张有花纹的小纸条，从红色卡纸内的第一条缝中穿过去，再从第二条缝中穿过来，又从第三条缝中穿过去，就这样一边示范一边解释。

老师：大家每人拿起一张已裁剪好的红卡纸，再搭配一个小纸条，蓝色的或有花纹的纸条都可以，我们从红卡纸的第一条缝中穿过去，再从第二条缝中穿过来，再从第三条缝中穿出来，就这样当五条缝全穿过后，我们就开始穿第二张纸条了。

【小朋友这时都急不可待地拿起各种纸条，笨手笨脚又小心翼翼地穿过来穿过去，有的小朋友稍不留神把红卡纸中间的缝撑破了。助教赶紧又给他换了一张新的红卡纸，并且协助他一起再穿纸条。】

步骤1：把一张花纹小纸条小心地插入红色卡纸的缝隙中

步骤2：用不同花纹的小纸条接着交错插入到红色卡纸的缝隙里

步骤3：用马克笔在红色小方块的地方装饰出细节

步骤4：给完成的非洲编织图案画剪出花边与流苏

老师：请注意，搭配纸条时，上面用一条宽的纸条，下面就用一条细的纸条。上面有一条有花纹的，下面就用一条蓝色的。然后我们再不断重复刚才做的，这样有规律的变化就是图案设计。

【小朋友在老师和助教的帮助下，很快一上一下、一上一下地穿完了好几张纸条，每个纸条多出来的部分就往反面折过去。当有的小朋友已全部折完后，红卡纸上已排满了纸条，老师又开始说话了。】

老师：全部排列完纸条后，请把多余的纸条折往反面，再用胶水粘住。差不多等这张非洲编织图案画快结束时，我们可以用彩色铅笔和马克笔在红色小方块的地方装饰细节。比如画一朵花或者一个小星星都可以。我要求所有的红色小方块上画的图案都要形成 "Pattern"，就是有规律地排列组合形成连续纹样。

【这时已完成手工的小朋友都挑选了自己喜欢颜色的铅笔在红色小方块部分画了起来，有的全部画一样的花，有的画一个月亮，再画一个星星。一个月亮一个星星这样交错排列形成了新的漂亮纹样。】

爱默丽太太：今天我们学到了不少线，这线不是天然形成的，而是人造的：有垂直线、水平线、斜线和曲线。你们今天回家以后，在家里就能找到很多今天我们学到的线，另外还能找到图案和纹样（Pattern）。

总 结

这堂课由老师演奏的一段口琴导入，接着用神秘幽默的游戏口吻一下子吸引了孩子的注意，再把美术工艺设计过程很好地融在一段故事中，使孩子觉得有趣，又易于理解。在花样编织的过程中，根据孩子的年龄特征，巧妙地培养了他们探索颜色、纹理和图案属性的感觉。

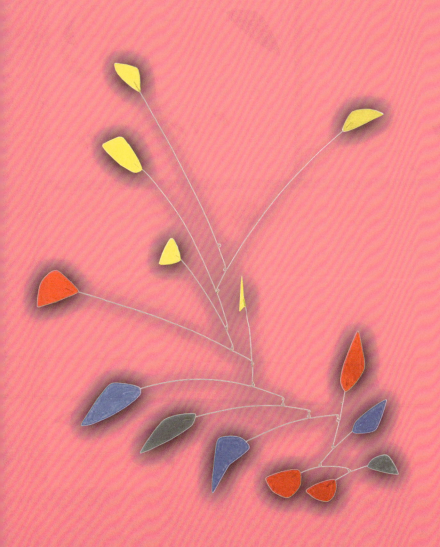

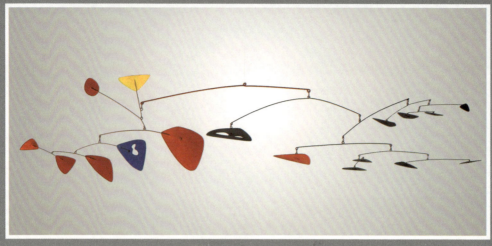

[美国] 亚历山大·考尔德系列作品

"小小活动雕塑家"（5—6岁）

目 标

丰富艺术视野并且体验设计制作的过程，发展创新意识和创造能力。架起从二维空间到三维空间、从逻辑到情感的桥梁，更全面地了解美术。

今天我又接到女儿学校的通知，来到她的学前班，准备担任美术课的助教。一走进教室，发现教室怎么和往常不一样了，五彩缤纷好像要庆祝什么节日似的。再仔细一看，天花板上、空中挂的全是飞舞的"蜻蜓"、"蝴蝶"和"风筝"，这些飞舞的艺术品原来是美国最富人气的，人人敬爱的雕塑家亚历山大·考尔德的仿制艺术品。

以前在我们脑海里，雕塑一定是静止不动的，厚重而有力量的。从未想过还会有轻盈飞舞的雕塑。但是考尔德却创作出风格独特的活动雕塑（Mobiles）。他用物理重心平衡感的原理，靠风力产生不间断的动态平衡状态。考尔德活用了机械的木讷呆板特性，而创造出活泼动态的雕塑。在这位著名雕塑家的作品中，微妙的律动，传达出生命和宇宙的奥妙意向，充满了丰富的想象和创造力。

欣赏大师作品

老师指着空中挂着的一件件像风铃的艺术品给小朋友们讲解着。

老师：请小朋友看看这件雕塑像不像蜻蜓点水，或者像不像蜻蜓在轻飘飘地飞舞着？

【小朋友这时在老师的指引下，抬头看着这个"大蜻蜓"，完全被它变化万千和微妙的律动迷住了。】

老师：这件雕塑是美国著名雕塑家亚历山大·考尔德的作品。他的雕塑和我们以前看的又大又笨重的雕塑完全不一样。以前我们看到的雕塑是用铁、泥巴和石头等做成的，搬都搬不动，更别说雕塑作品本身会飞会活动了。

【小朋友这时似懂非懂地点着头，老师又指着天花板上考尔德另一件仿制品。】

老师：你们看一看这件考尔德的作品，是用薄薄的金属片、铝叶子、细铁丝和彩色油漆做成的。这些材料和以前的铁、泥巴和大理石等材料完全不一样。它们组成的雕塑作品又轻又美，非常适合放在城市的高楼大厦。小朋友，现在你们看看在我们教室上空的这些雕塑，风一吹就像风铃一样，摇呀摇、晃呀晃，好不好玩？

小朋友：好玩，像玩具一样。

老师：现在我们每个小朋友也当一次活动雕塑家好不好？

小朋友：好。

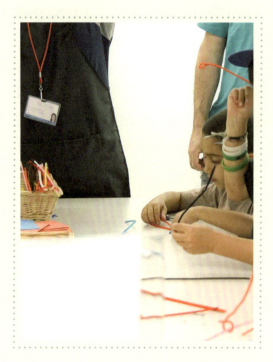

操作1：把一根绒线铁丝末尾处弯成一个小圆圈

制作活动雕塑

一、材料准备

1. 各种颜色的绒线铁丝

2. 各种颜色的吹塑纸　　　　4. 固体胶水

3. 剪刀、打孔机　　　　　　5. 铅笔

二、教学过程

步骤一

老师：请每个人拿一根彩色绒线铁丝，把一端末尾处弯成一个小圆圈，圆圈差不多有一个一元硬币大小。如果稍大些、稍小点都没有什么关系。

【小朋友都挑选出自己喜欢颜色的绒线铁丝，把末尾处弯成小圆圈。个别小朋友要在老师和助教的帮助下才能弯好这个圆圈，大部分小朋友自己动手就能做好。】

步骤二

老师：我们再拿起第二根彩色绒线铁丝从刚才弯好的圆圈中穿过去，让圆圈差不多在第二根彩色绒线铁丝的中间即可。

操作2：再把另外一根线线铁丝插入小圆圈中

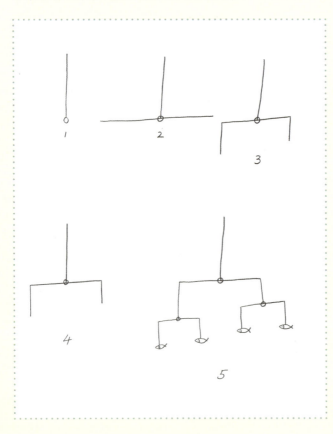

步骤图

【小朋友都挑选自己喜欢颜色的第二根绒线铁丝，有的拿粉红色，有的拿天蓝色，有的拿棕黄色。再把第二根铁丝往第一根的圆圈里插入。每个人都很投入、很专注。】

步骤三

老师：把第二根彩色绒线铁丝两边各弯成90度的角，两边折下的部分或长或短都可以。只要让第二根铁丝放在第一根铁丝的圆圈的中间能够平衡即可。

步骤四

老师：把第三根彩色绒线铁丝从中间剪断，分成两小段。把这两小段中间分别缠绕在第二根铁丝的垂直两端。再把这两小段铁丝两边各弯成90度的角，这样就形成了四个垂直线。

【小朋友又不断地选择不同颜色的彩色绒线铁丝来完成上面的步骤。】

老师：现在我们选一张自己喜欢颜色的吹塑纸。

【小朋友们又争先恐后地选择自己喜欢颜色的吹塑纸。】

步骤五

老师：我现在举起一张粉红色的吹塑纸，大家跟我一起做。先把这张纸对叠，然后再叠。

老师：用铅笔在折叠好的纸上画上自己喜欢的图案，比如动物图案小猫小狗等，或者花花草草都可以。

【小朋友拿起铅笔在自己折叠好的纸上画上图案，有的画个小茅屋，有的画只小兔子，有的画了一朵花，有的画得什么也不像，完全是抽象图案。】

老师：让我们拿起剪刀剪下自己画的图案，剪完后，每个人就会有四个完全一样的图案。

【小朋友们拿起剪刀小心翼翼地剪下自己刚才画的图案。】

老师：现在我们再用打孔机在自己剪下的4个图案中间打个孔。一个一个的轮流打，打完后，把这4个图案分别穿在刚才第三根铁丝形成的4个末端。好，差不多大功告成了。

老师给学生欣赏的优秀作品

【老师和助教走到小朋友们面前，先帮助他们用打孔机打好孔，再将每个人剪好的四个图案分别穿在铁丝的末端。】

老师：请做完的小朋友，用手提起自己的"活动雕塑"。用手指捏起第一根彩色铁丝的顶端，看下面这些铁丝是否在第一根铁丝的圆圈里保持平衡。稍稍晃一晃平衡就对了，不要歪到一边去。

【小朋友这时都用一只手提起自己完成的大作，一边玩耍一边用另外一只手拨弄一下，看看能否保持平衡，满眼的神情都是自我陶醉。】

学生作品

总 结

这堂课能够帮助孩子们发展理解这个充满形象与符号的美术世界所需的多种潜力。环境是无声的教师，本次活动中，老师有意识地创设了教育环境——满教室挂满轻盈飞舞的活动雕塑。一方面老师鼓励孩子能够按照自己的愿望，充分、大胆地自我表达。另一方面帮助孩子提高运用和转换美术材料的技能，不断提高儿童美术手工作品的质量。

第十四堂课：怎样欣赏抽象画

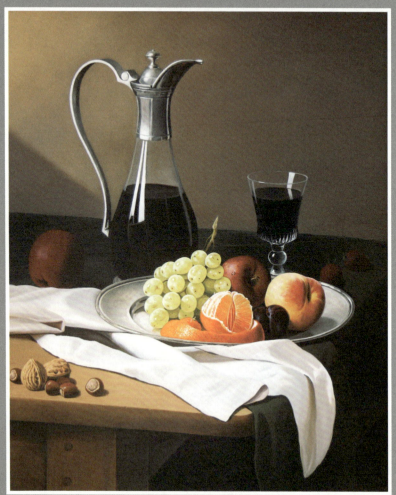

两张扑克（Two Aces）〔法国〕乔治·布拉克

"小小抽象画大师"（5—6岁）

　　怎样欣赏抽象画，包括欣赏许多抽象的艺术作品？这些作品别说让小孩看，就是一般的大人也看不懂。有人会说几个点几个线算什么？我家阿猫阿狗也能画。一团颜料堆积在画布上像什么样？怎么一张古色古香的中国画里还贴着个火柴棒再加几根稻草？如果让我说，也许我们多看看美术史的书，或者了解一下美术发展的演变过程，还是能够对抽象画有个一知半解的体会。其实，让小孩欣赏大师的抽象画，他们对抽象作品所反映的热烈程度，他们对线条、形状和色彩的直接感受和把握，他们就作品所表现的意象和情感精神所展开的丰富想象，很多时候是大人们所不及的。因为，抽象作品虽然没有真实的物体，也没有具体的人物，有的只是各种线条、形状和颜色的不同组合，但这些由"有意味的形式"所构成的视觉感受，这些形式层面的东西恰恰比较容易为孩子所理解、欣赏和接受。今天就让我们看一看美国的幼儿老师怎么让一群5至6岁的小毛头们欣赏和创作抽象的美术作品。

名画欣赏

　　开始让小朋友动手之前，老师和往常一样，拿来了四幅名画印刷品，让小朋友们欣赏学习。

第一幅画

　　这是一幅典型的古典传统油画，画了一组静物。老师指着这幅画说，你们看这个桌子上铺着白色的桌布，桌布上堆满了水果、瓶子还有盛水果的盘子。画得最像的是这个玻璃酒杯，玻璃透明的感觉像真的一样。这张油画画得真像照片呀。

第二幅画

老师又拿出第二幅画，是法国著名的立体主义代表乔治·布拉克在1929年画的《两张扑克》。

老师： 小朋友请再欣赏一下这幅画，画的名字叫《两张扑克》，大家在画里找一找有没有扑克牌呀？

【一群小朋友在画里找了好长时间，终于一个小女孩举手了。】

老师： 请上来指一下好吗？

【小女孩得意地跑上去，指着画的右下角。】

小女孩： 在这里，有两张扑克牌。

老师： 对了，是两张扑克牌。虽然画的只有简单几笔，但我们还是看得出来是扑克牌。现在我们再看看还有什么？

【老师一边提问，一边用手指着画面上一个像水果的图形问道。】

老师： 这是什么呀？

小朋友： 是桃子？还是苹果？

老师： 我们不管它是桃子还是苹果，反正它是水果就对了。这个水果后面还有一个水果看形状好像是梨子吧。

小朋友： 对，是梨子，没错。

老师： 我们再来看前面这个玻璃酒杯和刚才我们看的上幅画里的玻璃酒杯有点相似又有点不太一样。刚才的酒杯画得像真的一样，这个酒杯画得很简单。再看看这幅画的桌布和上幅画的桌布也不太一样。刚才的桌布画得像真的桌布，而这个桌布画得只像一个三角形状。

第三幅画

【当小朋友们还在想着老师说的话时，老师又拿出了第三幅画。这幅画是美国的查尔斯·G·肖在1940年画的《抽象八号》。

老师： 这个美国画家最喜欢画圆了，大家数一数这个画里有几个圆？

小朋友： 三个圆、五个圆、两个圆。

【小朋友数了半天，答案好几个。老师用手指着画说。】

老师：来，我们一起数一数，一个、两个、三个、四个，共四个圆呀。

老师：除了四个圆，还有几根线呀？我们再一起数一数，1、2、3、4、5、6、7、8，差不多8根线呀。

老师：大家再观察一下，这幅画画的是什么呀？

小朋友：是个钟。

小朋友：是太阳、月亮和地球，是月亮围着地球转，地球围着太阳转。

小朋友：好像是朵花。

抽象八号 [美国] 查尔斯·G·肖

老师：都说得很好，这个大画家和你们想的是一样的，他用不同的几何形状去暗示许多东西，比如宇宙星球，植物和生物等。

第四幅画

第四幅画其实是一张雕塑的照片，这个照片上的现代抽象雕塑是美国的西奥多·罗斯扎克的作品。

老师：大家看这个雕塑像什么？

【小朋友这时都傻眼了，这是什么雕塑？捏个橡皮泥也比这像呀。但所有的小朋友也都充满了好奇，开始议论纷纷。】

小朋友：这是个蛋筒冰激凌。

小朋友：这是棒棒糖吧。

小朋友：这是一个小宝宝的玩具。

小朋友：这是龙的大便。

【大家全笑了。】

老师：讲得非常好，这是美国的现代抽象雕塑家西奥多·罗斯扎克的作品。他曾经从美国到德国著名的包豪斯学院学习，他的雕塑带有机器制造的感

比空气还轻（Lighter Than Air）　［美国］西奥多·罗斯扎克

画册　［法国］亨利·马蒂斯

觉，喜欢用塑料和金属材料。

老师：你们看这个像蛋筒冰激凌的雕塑，上面的黄颜色感觉很轻，下面是金属的材料感觉很重。这个雕塑到底是什么东西，小朋友可以随意想象。

寻找马蒂斯的图案

前面四幅名画欣赏结束了，老师又拿出了四本相同的大画家马蒂斯的剪纸艺术画册，每五个小朋友围一桌，共四桌。老师在每个桌子上放了一本马蒂斯的大画册。

老师：这是法国大画家马蒂斯的画册，小朋友们一起看一看，翻一翻这本书。上面所有的画都是马蒂斯用剪刀剪出来的。马蒂斯晚年时，身体不好，不能站着画画，就每天坐在床边剪呀剪，把不同的彩纸剪成不同的形状，再拼接成漂亮的画。

【这时，每五个小朋友一起翻着一本大画册，都露出惊讶的表情，被画中活泼单纯的图形、鲜艳的颜色深深地吸引住了。】

老师：好，大家听好。我现在给每个人发一个白色的剪纸图案，这个图案就在这本画册中的一幅画上。每个人在这幅画中要找到和自己手上拿着的完全相同的图案。

【老师分别把白色的剪纸图案发到每个小朋友手上，一人一张，每个人的图案都是不一样的。每一桌用同一幅画，每桌又是不一样的画。】

【老师又根据每一组小朋友手上的图案，把每组的画册翻到相对应的这幅画上，让小朋友们开始寻找。小朋友一会看看自己手上的图案，一会又在画面上不停地搜索。还真不好找，因为画面都是花花绿绿的，手上的图案却是白色的。小朋友大概这时只有忽视颜色的存在而拼命地观察图形的吻合。终于一个小女孩举手了，她高兴地叫道，我找到了，我找到了，老师跑去一检查，果然两个图案完全一样。】

老师：很好，伊萨第一个找到了，其他小朋友加油。

【陆陆续续，不少小朋友开始举手了，老师和助教一一检查全部正确。当最后一个小朋友也找到时，老师开始大力表扬大家。】

此时此刻，我不禁感慨美国幼儿美术教育的高明，在游戏中、在观察里，让小朋友潜移默化的学到了对抽象图案的视觉敏感和对抽象画的感觉认识。

寻找马蒂斯图案1

寻找马蒂斯图案2

寻找马蒂斯图案3

课堂
实录

创作抽象画

一、材料准备

1. 每人一张八开（26cm×37cm）的黑色卡纸

2. 各种颜色的吹塑纸剪成的圆形（直径6cm）

3. 各种彩色卡纸剪成的纸条（25cm×2cm）

4. 一部分彩色纸条折叠成弹簧状

5. 各种颜色的卡纸、胶水和剪刀

二、教学过程

老师： 今天我们也学马蒂斯，用剪刀在彩色卡纸上随意剪出自己喜欢的形状，觉得怎样漂亮就怎样贴在黑卡纸上。如果不想剪也可以直接用老师剪

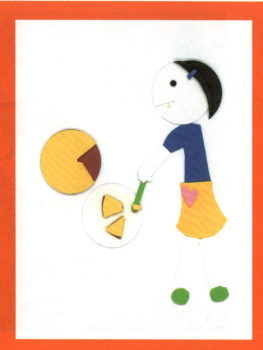

学生抽象画作品

好的图形和纸条随意在黑卡纸上排列组合，成为一张漂亮的抽象画。

【这时老师拿出了一张已完成的示范作品，上面用小圆、小方块、小三角形和弹簧状纸条组成了一张立体三维的抽象画，作品由各种形状都是色彩各异的卡纸组成，他们全部组合粘贴在八开的黑卡纸上，使颜色五彩缤纷又和谐统一。】

老师：请小朋友看这一张，这是老师完成的样图，你们可以像这样做成立体的抽象画，也可以做成平面的抽象画，还可以做成具象的画，比如具体作成一朵花、一件物品等。

【老师一讲完，小朋友们已急不可待地把手伸到篮子里，去拿取自己需要的材料。有的已拿起剪刀在自己喜欢的卡纸上随意剪出有机的形状，有的正对着黑卡纸沉思，不一会所有的小朋友都忙乎起来。老师和助教们一个桌子一个桌子地辅导着，帮助小朋友有的剪有的贴。小朋友们干劲十足，充满了创作的激情。有的小朋友把黑卡纸上贴得满满的，让一张弹簧纸条一头粘在黑卡纸上，另一头掉在纸外面晃来晃去。他真是小小的罗伯特·劳森伯

克。劳森伯克是美国波普艺术的代表人物之一，他发展出了一种叫融合绘画的艺术风格，这是一种美术拼贴技法，他常常在一张平面的绘画上，粘贴和延伸出一个具体生活实物，让平面成为三维立体空间。看来我们小朋友也能有大师的思维，长大后一定会青出于蓝而胜于蓝。】

【除了一部分小孩做成立体抽象的绘画，我发现一些温柔的小姑娘喜欢做平面具象的绘画。看，这儿有一个短发的亚裔小姑娘正在把不同颜色的圆形拼贴成一朵五彩花，她在五彩花的下面用绿卡纸剪成了小条贴成枝叶。还有一位长发的小姑娘自己动手把各种颜色的卡纸剪成了需要的形状，再贴成一个小男孩吃皮萨的画面，生动极了。】

我觉得美国老师真是开明，明明这堂课是创作一幅抽象画，有的小孩没有创作抽象画，只创作自己喜欢的题材，用具体的花呀、草呀和生活场景去表现自己的快乐，老师同样是赞不绝口。这使我想起来在一次图腾画美术课上，有个小孩没有按照老师给的图腾图案去画，而是画上自己喜欢的一个卡通形象，当时我想这完全和这堂课的主题格格不入，老师一定会阻止他，结果老师看了一会他画的卡通也欣然同意。大概这就是崇尚个性自由、民主宽松的美国教育吧。

总 结

本活动的第一环节是通过欣赏名画让幼儿了解抽象画的演变过程，第二个环节是通过翻看画册，寻找相同的图案，从而开拓幼儿的眼界。第三个环节是创作抽象画，鼓励孩子们选择他们自己喜欢的颜色和形状，去拼贴和构成，让每个孩子的作品都是独一无二的，使活动达到高潮。这三个环节紧密相联，层层深入，使整个活动显得充实而生动无比。

卖虾姑娘（The Shrimp Girl）　［英国］威廉·霍加斯

"小小毕加索"（6 – 7岁）

目　标

通过欣赏名画中的小丑，体会小丑与娱乐、小丑与音乐的关系，了解到艺术家的个性和对生活的感受会让他们的作品表现出不同的风格。知道艺术家在人生快乐时期和不快乐时期，绘画表现的方法是完全不同的。

小丑是喜剧表演角色之一，深受小朋友喜爱。在美国，小丑形象非常深入人心，在很多舞台表演特别是马戏和杂技等，小丑都是不可缺少的角色。他们滑稽的表演活跃了气氛，逗得大人和小孩笑声连连。另外，在美国小朋友的生日派对上，家长们往往会另掏一笔钱，请小丑演员来派对上助兴。小丑先会带领小朋友们跳舞，再来几段魔术表演，最后会在小朋友脸上画上小丑妆。小朋友排着队争先恐后地轮流让小丑演员化妆。画好的小朋友满脸骄傲地去给自己的爸爸妈妈看。爸爸妈妈也故作惊讶状。再看看美国最大的快餐店麦当劳的形象大使——麦当劳叔叔波拉科夫斯，也是以小丑的造型出现的。

在中国，小丑一词有时候是贬义，带有难登大雅之堂的意思，不都是友善的称呼，比如说某人"跳梁小丑"。甚至小丑还意味着孤独、抑郁、沧桑、落魄。但是正好相反，小丑在美国却是欢乐、幽默、机智和永不言败的象征。在美国各地有小丑节，还有被称为喜剧界哈佛的玲玲小丑学院。所以在美国幼儿园的绘画课上，"小丑画"也成了不可缺少的一门课程。

名画欣赏

在作画之前，老师像往常一样又拿来了5幅世界名画给小朋友欣赏。

第一幅画

这幅画是英国著名肖像画家威廉·霍加斯的《卖虾姑娘》。

老师：如果你们现在是生活在 250年前的伦敦，你们会从这画面上的女孩这买虾吗？画家霍加斯用轻快大胆的笔触去表现女孩快乐的样子。霍加斯喜欢画人而且喜欢画他们住哪。他平时画画的速度很慢。但是有一天，他只用了一个小时就用又粗又厚的速写式线条在画布上完成了这幅油画。你们能在这幅画中的篮子里看到虾吗？

小朋友：看不到呀？

老师：可能她顶在头顶上了。你们再看这幅画，画家是用什么方法让女孩看起来很快乐的样子？

小朋友：她在微笑。

小朋友：眼睛发亮。

小朋友：红红的脸。

老师：说得太对了。

第二幅画

这幅画是美国著名的大画家怀斯的《克里斯蒂娜的世界》。

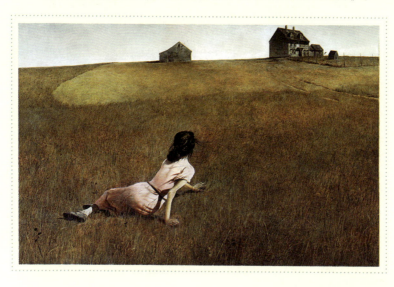

克里斯蒂娜的世界 (Christina's World)

[美国] 安德鲁·怀斯

老师：你们看这幅画上的女孩，拖着双腿试图穿越旷野回到远处的家。这个女孩和刚才我们看到的卖虾女孩都属于同一时期的人，但她们的生活是完全不一样的。这个画上的女孩腿是残疾的，她和哥哥住在农场上，和画家怀斯是邻居。一天，怀斯站在家的窗边看见这个女孩在摘水果，他决定去画她，因为他觉得她是非常勇敢的。

老师：你们看这幅画里的房子是新的还是旧的？

小朋友：好像是旧的。

老师：你们看她穿的裙子是新的还是旧的。

小朋友：也是旧的。

老师：你们知道为什么画家怀斯把她的裙子画成粉红色的？为什么不画成灰色的？

小朋友：因为女孩都喜欢粉红色，粉红色很漂亮，灰色太暗了。

老师：说得很有道理，还有怀斯把女孩裙子画成粉红色是象征着这女孩不怕身残，努力奋斗和独立自强的精神。

第三幅画

这幅画是法国女画家贝尔特·莫里索的《摇篮》。

老师：画这幅画的女画家叫莫里索，她生活在100多年前。她喜欢画妇女和孩子。你们看这幅画中的小宝宝在做什么？

小朋友：在摇篮里乖乖地睡觉。

老师：很好，你们看小宝宝的妈妈是什么表情？

小朋友：有点累似的。

老师：说得很好，这个妈妈是很温和的，充满爱的，又有点忧虑

摇篮 (The Cradle)
[法国] 贝尔特·莫里索

班究琴课程（The Banjo Lesson）
[美国] 亨利·奥赛瓦·丹拿

的样子。

老师：再注意看，这幅画里，画家用了重叠的方法。妈妈在摇篮的后面，宝宝和摇篮在前面。你们再看看这幅画里用了什么颜色？

小朋友：白色和蓝色。

老师：对，蓝色看起来是温暖还是寒冷的感觉？

小朋友：是冷的感觉。

老师：对，蓝色在这幅画里给人安静的感觉。你们再看妈妈和宝宝脸上有一抹粉红色，给人一点点温暖的感觉。

第四幅画

老师又拿出了第四幅画。

老师：这张是美国画家亨利·奥赛瓦·丹拿的《班究琴课程》。这幅画画的是一个爸爸或者爷爷教儿子或孙子在学班究琴。你们看这个爸爸或爷爷，儿子或者孙子他们的样子快乐吗？

小朋友：快乐。

老师：对，这幅画里充满了浓浓的爱。请问在座的小朋友有谁也在学乐器？

小朋友：我在弹钢琴。

小朋友：我在拉小提琴。

老师：很好，我们再看这幅画，你们在这幅画里第一眼看到了什么？为什么？

小朋友：第一眼看到的是小孩和琴，不知道为什么。

老师：是小孩和琴。为什么你们第一眼会注意到他们，因为他们在画面较中心的位置，而且还处在顺光的位置，所以光线很明亮。

老师：他们是在什么地方学琴？客厅、卧室，还是厨房？为什么？

小朋友：好像是在厨房里，因为旁边有烧饭的东西。

老师：对的，画家用这些盘子、水壶，煎锅等物品和光围绕着人物和班究琴，形成了圆形的构图，好让我们把目光都集中在人和琴上。

老师：最后一个问题，你们看这幅画中，光从什么地方来？

小朋友：从旁边来的。

老师：这幅画上有两个光源，一个是从旁边的窗户里来，一个是从炉灶上来的。

灾难（The Tragedy） ［西班牙］帕布洛·毕加索

第五幅画

老师又拿出今天欣赏的最后一幅画。

老师：这幅画是毕加索的《灾难》。当你们欣赏这幅画时，是不是感觉到画面很悲伤和痛苦。因为画面的人物拉长了身子，一副瘦弱的样子，并且都低着头，一副泪丧的样子。几个人物垂直地站满了画面，显得非常孤独。而且整个画面是蓝色的，不同的蓝色给人忧伤的联想。这个时期是比加索的"蓝色时期"。在"蓝色时期"以后，毕加索喜欢把整个画面都画成红色的，不同的红色，这个时期又叫"玫瑰红时期"，红色意味着快乐和希望。

画出你最喜欢的小丑

一、材料准备

1. 10多张各种小丑造型的图片

2. 白纸和一盒油画棒

二、教学过程

什么是小丑画？上课时，老师会把马戏团标准的小丑图片放在讲台上请小朋友参考一下，然后拿开，让小朋友开始自由发挥，把每个人想象中的小丑形象画下来。

老师为小朋友准备了10多张各种小丑造型的图片，每张图片30厘米左右见方，老师把图片一张张给小朋友看，边看边讲解。在看之前老师先提问，激发小朋友的好奇心。

老师：小朋友，你们喜欢什么样子的小丑？

小朋友：我喜欢大红鼻子的。

小朋友：我喜欢穿巨大鞋子的小丑，还喜欢胖胖的。

老师：说得好，现在来看图片。这是典型的白脸小丑，脸的底色是白色，眼睛、鼻子、嘴巴则会用红或黑色，脸的大小会和真人相同，不夸张。其他的装饰会用不同的色彩来点缀。

老师：大家再看看这一张，是典型的傻瓜小丑，底色是红色和白色，眼鼻口的形状是夸张的阔阔的白边。虽然表面上看他傻傻的，其实他非常聪明，很会搞笑。

【老师又拿出了一张脸上有雀斑的小丑图片。】

老师：这是典型的性格小丑，是根据某个具体人物夸张变形后创作而来。性格小丑也许会有胡须或者雀斑，并且有的是秃顶，有的爱打扮臭美，但不管怎样，性格小丑都很有自己的个性与思想。比如《大力水手》中的布鲁图，《蝙蝠侠》里面的坏蛋小丑。

学生作品2

老师：大家喜欢这个彩面小丑吗？所谓彩面小丑就是脸上的颜色涂得花花绿绿，衣服式样也夸张，要么左右不对称，要么戴个大大的领带。通常两个小丑在舞台上也一胖一瘦，一高一矮。

老师：大家再看这一张卡通小丑也是现代小丑，他已经和传统的欧洲宫廷小丑有很大的不一样。卡通小丑可以玩降落伞、踢足球，还开飞机了。

【老师每介绍完一张小丑图片，就往黑板上贴一张，最后黑板上摆了一排小丑图片。老师让图片在黑板上停留几分钟后，就全收掉了。这时孩子们涨红了小脸，目不转睛地盯着老师。他们在老师指导下欣赏了不同时代、不同风格的小丑图片，关注了生活中的美好现象，增加了艺术修养。】

老师：现在请小朋友开始想象一下，你最喜欢的小丑是什么样子，并画下来。要求纸幅画满，色彩鲜艳。

【这时，每个小朋友桌上都已经放了一张白纸和一盒油画棒。大部分小朋友拿起油画棒，不用铅笔打稿就兴冲冲地画了起来，有个别小朋友沉思好久才开始动笔。差不多半小时过去了，有的小朋友画得像万圣节里可爱的鬼，有的画得像自画像，大部分小朋友都画得像性格小丑，每幅画都有特色，没有雷同的。当画完后交作业时，老师会用一种像发胶似的喷雾材料往每幅画上一喷，画面上就会形成透明薄膜，来保护固定油画棒的颜料不会因摩擦而浑浊。】

一幅幅小朋友的作品中不仅表现出具体形式，还表达出抽象的观念。小朋友已将自己的想象力借助材料语言融合于绘画之中。

想当年，毕加索年轻时画的《小丑》描绘了一名小丑用一只手托着下巴的场景，颜色以绿、玫瑰红和黄为主，是毕加索立体主义阶段的重要作品。

而他晚年画的《小丑与裸女》，让画面对比强烈，用美女的圣洁和小丑的滑稽来表现他晚年的精神状态，孤独、抑郁和对生活的无奈。今天这堂课正是借用了小丑这个很特别的形象，让小朋友们用油画棒材料表达自己内心的感受。我们的小小"毕加索"们在小丑画中积累了视觉、触觉和其他感官的经验，发展了感知能力、形象思维能力、表达和交流能力。而且从整个创造过程来看，小朋友们个个都很开心地在跟小丑做着交流，一副很享受的样子享受作画过程，俨然一个个小小的毕加索，自由抒发着对小丑的热爱之情，独特的个性与创意也由此而生。

总 结

这堂课孩子们了解到艺术家在绘画中是怎样去表现自己的内心感受的，也是老师引导孩子对社会生活中有趣的事物和艺术作品进行欣赏、感受、获得内在体验，并吸收和拓展相关经验、积累视觉语言和符号的过程。这一活动可以帮助孩子仔细观察、积累经验，对自己感兴趣的事物获得更深的体验和更多的经验，并逐步吸收生活和艺术中的视觉语言、符号，从而运用到自己的美术创作中，潜移默化地影响自己的表达。

第十六堂课：锡箔纸玩偶

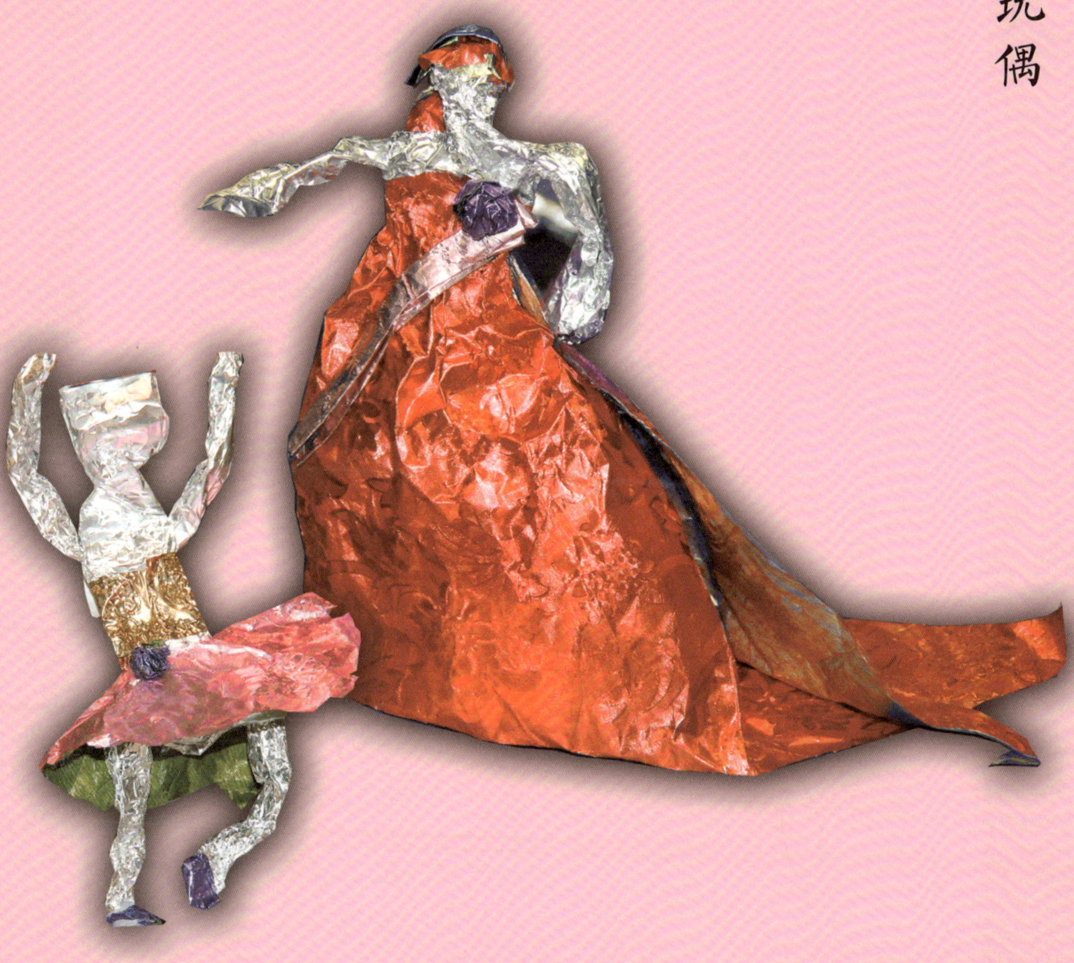

锡
箔
纸
玩
偶
制
作
步
骤
图

1.

2.

3.

4.

5.

6.

7.

8.

9.

"我爱做娃娃"（6-7岁）

锡箔纸在美国主要用于厨房，主要是人们在烤炉中烤食品用的。人们用锡箔纸来隔离肉类或甜点，或包扎食物，使其在烤炉中加热均匀，食品鲜味也不至于散发掉。这样的锡箔纸通常是银色，一卷一卷在超市里到处能买到，而且很便宜。如果你想要不同颜色（如红的、黄的、绿的等）、不同质地的锡箔纸，一般可以用糖果或巧克力的包装纸。用它们做装饰或点缀，效果是非常不错的。总之，锡箔纸有金属的质感，闪闪发亮，而且可塑性极强，只要稍稍拧拧、搓搓捏捏，形状就可以固定下来，制作过程一点也不费力气。

因此在美国幼儿园，老师常用锡箔纸做材料，让小朋友制作手工。就像雕塑分圆雕和浮雕，老师有时让小朋友用锡箔纸做立体的玩偶（培养孩子的空间感、立体感），有时用锡箔纸做成浮雕形式。比如一次美术课上，老师让小朋友剪下一块大约10平方厘米的卡纸（这卡纸有点厚度），然后在刚才剩下的卡纸上剪下四个大约1厘米宽的条，贴在卡纸的四周，绕着卡纸的边框围上一圈。这样我们就得到了四周的凸起，做成了一个立体框。在另外的卡纸上画上自己喜欢的图案（这个图案要比你做的立体框小），把图案剪下粘在框中间，再用锡箔纸轻轻地铺在做好的图案画框上，用手仔细按紧，把所有边边角角全部按紧，这样图案和画框的形状都出来了。然后把多余的锡箔纸叠在后面，哈，一件闪着金属光芒的浅浮雕便做成了，真可以以假乱真呀。

女士与木偶（Woman with Puppet）［日本］

接下来，让我们看一堂锡箔纸立体玩偶手工课，就像雕塑里的圆雕一样，玩偶主体是不附在任何背景上的，可以从各个角度欣赏的立体小玩偶。虽然幼儿园的锡箔纸玩偶制作不是真正的雕塑，讲究什么光感、质感、肌理感，整体形体讲求空间感、节奏感、扩张力、收缩力等。但是玩偶的制作也是单纯与丰富的统一：单纯性体现在表现媒介的单纯，玩偶全用锡箔纸完成，材质单纯。它的丰富性体现在作品完成后可随意扭动，变幻万千。而且玩偶制作也像雕塑艺术一样，是基本形体的概括，讲求"骨骼"和"间架"。动手实践之前，老师给小朋友欣赏的世界名画全是关于人们在玩乐的主题方面的画。

名画欣赏

第一幅画

老师：我们欣赏的第一幅画是日本画《女士与木偶》，这是一幅很早很早的画，画的时候，正好是美国从英国独立出来。你们看这幅画，这位女士拿着什么？

小朋友：拿着一个布娃娃。

老师：不是布娃娃，是木偶。她的手是在操纵着这个木偶吗？

小朋友：好像是的。

老师：这位女士是在走动，还是站立不动的？为什么？

小朋友：是站立不动的。因为她的一个腿好像在前，一个在后，身体扭动着，头往一边看去。

老师：说得很好，你们看这位女士是什么表情？

小朋友：很高兴地，有点顽皮的样子。

老师：说得太好了。你们注意到这幅画为什么没有画背景？

【小朋友都摇头，表示不知道。】

老师：他不画背景是因为有时候背景不是必须要画的，而且不画背景是为了突出这位女士和木偶。

老师：你们喜欢这位女士穿的和服吗？在什么国家的人穿和服？

小朋友：喜欢。在日本，人们穿和服。

老师：对，日本人穿和服。画这幅画的艺术家在当时18世纪属于日本一个艺术家的团体，这个团体是专门画著名的男演员和女士的。画完后，艺术家们喜欢在画上再写上一首诗。

第二幅画

老师拿出的第二幅画是法国的雷捷画的《休闲 向路易·大卫致敬》。

老师：在这幅画里，画家尝试着创造有结构的平衡布局。你们在这幅画里看到了什么？你们看到了哪些颜色？是明亮的颜色还是阴暗的颜色？

小朋友：有红、黄、蓝、橙色和绿色，都是明亮的色彩。

老师：完全正确。颜色和颜色之间是怎么分开的？

小朋友：用黑黑的线条。

老师：对，说得更准确应该叫外轮廓线。你们看到了什么形状？

小朋友：有车轮的形状，叶子和鸟翅膀的形状，重复的篱笆，自行车的扣链齿。

老师：说得对，我再补充完整，还有手和脚、眼睛、天上的云，这些各种各样的形状在画里创造出一种节奏感。

老师：你们觉得画中的人物和自行车像生活中的一样真实吗？

小朋友：不太像。

老师：我也这样认为，手臂和腿部看起来比例不对，画家故意用这种方法创造出他自己的构成和感觉，去表现一种愉快的气氛。

第三幅画

这幅画是德国画家恩斯特·路德维格·基尔希纳的《冰球运动者》。

老师：你们看这幅画，一群人在干什么？

小朋友：打冰球。

老师：什么让你感觉冰是寒冷的？

小朋友：运动员们都穿了很多衣服。

老师：说得有道理，但你们注意到没有，这幅画的背景是蓝色的，蓝色属于冷色。这样我们就感觉冰是寒冷的。

老师：你们还看到了什么重复的图案？

小朋友：有很多斜的、重叠的影子。

老师：是的，我们看到了很多强有力的斜线，水平的阴影线，还有重叠的曲线。

【老师一边说，一边用羽毛指着画面说明着。】

第四幅画

这幅画是美国画家霍默的《鞭子啪的一声》。这幅画是100年前画的，艺术家表现的是一群男孩放学后的课外活动。

老师： 你们看这群小男孩穿的服装是什么样子的？和我们今天男孩子的服装有什么不一样？

小朋友： 画上的小男孩有一些穿的是吊带裤，现在我们没有穿这样的裤子。以前的男孩穿的衣服的颜色都差不多一样的，颜色旧旧的，现在的男孩穿的衣服颜色很多，而且都很新。

老师： 说得很好，你们看到没有，为什么画中的男孩都没有穿鞋。

小朋友：他们在跑步时，应该穿运动鞋。可是他们没有运动鞋，所以就不穿鞋了。

老师：很有道理。你们再看画中，学校里就只有一间房子，一个老师要教全部大小不一样的学生。现在我们的学校都有很多教室，不同的老师教不同年龄的学生。

老师：你们知道这些男孩子在玩什么游戏吗？你们一定猜不出来，他们玩的是100年前男孩中流行的游戏叫"Snap the Whip"。现在的学校已经不容许玩这个游戏，因为这游戏要跑动，非常容易摔倒。

老师：我们再来看看，画家霍默怎么去表现男孩子的跑步与移动的姿势的？

小朋友：胳膊与腿站立不同的位置。

老师：对的，手臂与腿、脚放在不同的位置，让人体成为斜线。

老师：你们在这幅画里，能找到远处有两个小女孩吗？

小朋友：仔细看看，找到了，在远处站着两个小女孩。

老师：画家用什么方法，让小女孩看起来离一群男孩子很远。

小朋友：把小女孩画得很小很小。

老师：对，这叫近大远小。

鞭子啪的一声（Snap the Whip）
[美国] 温斯洛·霍默

第五幅画

老师：今天我们欣赏的最后一幅画是玛丽·卡萨特的《在海滩上玩耍的孩子》。现在我给大家讲讲女画家卡萨特的故事。她1884年

出生在美国的宾夕法尼亚州。20岁时，立志要做一名画家，可是她的父母都极力反对。因为在170年前，女孩子很少上大学，更别说当画家，长大后就是结婚生孩子。但是卡萨特克服了种种阻力，到欧洲不同博物馆里自学，并和当时欧洲许多大画家成为好朋友。她画了很多母亲对幼儿的关怀、孩子之间的玩耍这样题材的绘画，充满了亲情。因为她热爱画画，把自己的一生都献给了艺术，终于成为了一位著名的大画家。

【小朋友们都听得津津有味。】

老师：你们看画面上两个小女孩在海滩上玩沙子，卡萨特是怎样去创造画面上一种平静的感觉的？

小朋友：除了两个小女孩，没有其他人了。

在海滩上玩耍的孩子 (Children Playing on the Beach)
[美国] 玛丽·卡萨特

老师：对。还有，你们看画面上的构图是不是有平衡的感觉。这幅画里有什么表现质感表现得像真的一样的东西？

小朋友：黄色的沙子、白色的裙子和远处灰蓝色大海。

老师：对，这些沙子、裙子、大海，表现的质感非常逼真，除了这些外，还有小女孩的头发和皮肤也表现得很好。

老师：我们现在生活的这个城市就在加州的大海边，我想在座的每位小朋友都经常去海滩上玩耍，你们在海滩上玩的时候，是喜欢跑来跑去，还是玩海水，还是像画上的两个小女孩一样安静地玩沙子？

【大部分的小朋友都嚷着喜欢玩沙子，少部分的小朋友说喜欢用脚踩水玩。】

老师：还有最后一个问题，你们在海滩上玩的时候听到了什么声音？

小朋友：大海的声音。

老师：太美了。好，现在我们开始用锡箔纸做娃娃在玩耍。

制作锡箔纸玩偶

一、材料准备

1. 一张大的银色锡箔纸(约20cm×60cm)

2. 两张小的银色锡箔纸(约20cm×30cm)

3. 一些小张的彩色锡箔纸

4. 一把剪刀、各种装饰品、胶水

二、教学过程

老师：请小朋友拿出一大张银色的锡箔纸，把它对折、对折、再对折，搓成一个条状。

【小朋友在老师带领下一步一步做】

老师：把这个条状上下对折，离对折处大约3厘米处，慢慢拧紧成一个脖子。这就基本上变成了玩偶的头和身子。

老师：在脖子下，插上用小一点的锡箔纸搓成的细条状，在脖子下正好左右分开，你们看像不像两个胳膊，把胳膊尾处再扭一下，又变成了两个小手。

老师：再往玩偶头下3厘米处拧几下，拧出胸脯和小肚子来。下面剩下的两条就变成了两条腿。

老师：现在玩偶的基本框架做好了，我们可以随意扭动，摆出自己喜欢的动作。比如摆成一个跳芭蕾舞的小姑娘，或者组装成机器人和变形金刚。

【小朋友高兴地给自己做的玩偶摆弄姿势，把小玩偶的胳膊、腿扭来扭去，变换不同的站姿或坐姿，甚至拳打脚踢的武打动作。】

老师：动作确定好了，就不要再变动了，锡箔纸会越捏越紧，玩偶也会越变越小，甚至最后弄断了，小玩偶疼呀。

学生作品1：周末舞会

学生作品2：劲爆迪斯科

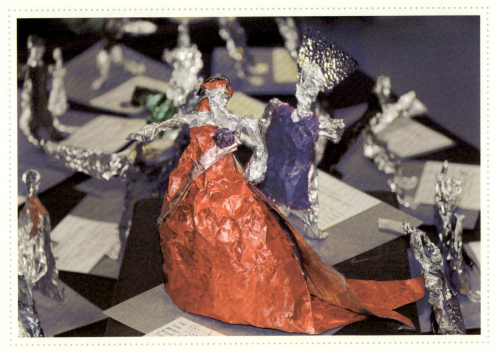

学生作品3：王子与公主

学生作品4：猎手归来

老师：接下来我们再给小玩偶穿上衣服，打扮得漂漂亮亮，如果你的玩偶是女孩，就给她穿上裙子，如果你的玩偶是武士，就给他披上盔甲。

【小朋友从一小堆彩色的锡箔纸中选出自己喜欢的颜色，用剪刀剪出小衣服、小裤子，小心地用胶水贴在玩偶身上，再剪出皮带和小鞋子套在玩偶的腰上和脚上。有的小男孩用金色和银色锡箔纸搓成大刀和长剑，再贴在玩偶的手上。】

老师：做玩偶好不好玩，看似挺简单，但我们还需要耐心和细心。今天我们做的是小人、小玩偶、小娃娃。你们利用这种发亮的纸还可以做小动物、小昆虫，比如猫呀、狗呀、蜘蛛呀、蝴蝶呀等。

这堂课快结束了，看着一个个晶莹闪亮、形态各异的玩偶小雕像，我想起了在另外一次幼儿园大班的玩偶制作课上，这堂课的主要材料除了锡箔纸外还要利用其他材料。或许为了玩偶的结构坚固，老师教学生用胶带去包裹住整个锡箔玩偶，然后在胶带外还涂上不同颜色的涂料。最后用另外颜色的锡箔纸去做服饰，补充头发、道具。虽然最后所有的娃娃形体比例都不太准确，但是所有的小朋友都是带着快乐和思考在做着手工。

总 结

这堂课中老师引导孩子根据自身动作发展的情况，掌握折、拧、扭、弯、贴等动作的难度，并鼓励孩子以多种组合的方式运用材料。最后巧妙利用各种材料进行装饰，在团、搓、贴、镶嵌、串联、间隔等技巧的使用中，提升幼儿的装饰经验。

第十七堂课：『飞向太空』手工制作

玛丽莲·梦露头像 (Marilyn Monroe) [美国] 安迪·沃霍尔

花 (Flower) [美国] 安迪·沃霍尔

"小艺术家加小科学家"（6 – 7岁）

> **目　标**
>
> 认识美术与自然、美术与生活、美术与文化、美术与科技之间的关系，进行探究性和综合性的美术活动，并学会以各种形式表现学习成果。逐步学会将美术与其他学科融合贯通的方法，增强综合解决问题的能力。

科学与艺术融为一体，称为科学美术。科学美术是采用艺术造型的手段和技巧，用生动、形象的方法去表现科学技术内容，是科学亦是艺术。其次，这种美术又必须具有一般的美术特征和品味，通常运用油画、版画、雕塑、综合材料、电脑美术等艺术形式来表现科学技术。而科学美术又可以通过感人的艺术形象和视觉空间的美来表现科学，使人在美的感受中，在强烈的艺术形式感染下，潜移默化地得到知识、得到启迪、学到科学。

达·芬奇、米开朗基罗、拉菲尔是文艺复兴时期的三杰，他们的作品是因为运用解剖学、透视学而举世闻名。无论是《蒙娜丽莎的微笑》、《创世记》还是《雅典学院》，都体现出结实、准确的人物造型。随着科学的进步，人们对光学、色彩学有了更深的研究。摄影技术的进步和新软件不断更新，更推动着艺术家的想象力，极大地丰富了现代艺术的表现形式。美国的波普美术王子安迪·沃霍尔的作品就是使用现代印刷技术绢印版画，重复印刷出蒙娜丽莎、玛丽莲·梦露头像，构成沃霍尔式的作品。安迪·沃霍尔的超前思想与现代科学技术的结合使他成为20世纪最著名的艺术家。

在美国，美育与科学更是紧密相联，在中小学里老师经常要求学生完成一个科学课程后，在完成的作业后再配上一幅画，就像科普插画一样。在幼儿园里，老师则利用美术手工制作课让小朋友在动手动脑中学到科学知识。有一次，老师给小朋友讲太空宇宙知识，则利用美术手工制作太空模型来表现星球之间的关系，让他们非常直观地感受到宇宙空间。

学生作品一：太阳系俱乐部

学生作品2：彩色星球

"飞向太空" 手工制作

一、材料准备

1.十几张太空的图片　　2.过期的太空杂志

3.泡沫板、白纸板　　　4.水彩颜料、毛笔、剪刀、胶水等

5.废乒乓球、网球、高尔夫球、彩色的小塑料球

二、教学过程

老师：大家知道宇宙很大很大，没有边界。宇宙里有无数的星系，其中一个星系是银河系，银河系里又有很多的星系，其中一个星系是太阳系。

【老师一边说，一边把一些美丽的太空照片投影在白墙上，小朋友发出了一阵阵惊叹声。】

老师：我们先来看一看太阳系的太空图片，你们知道太阳系的八大行星吗？太阳系的中心是太阳，围绕着太阳运行的转呀转的就是八大行星。按照离太阳的距离从小到大，它们依次为水星、金星、地球、火星、木星、土星、天王星、海王星。

【老师又讲解了八个行星不同的颜色特征，远近大小，名字的来历传说与神话故事。小朋友听得津津有味。】

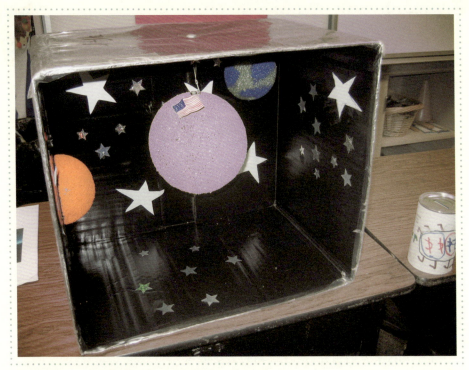

学生作品3：有限的空间和无限的宇宙

学生作品4：我要去太空旅行

老师：没有人知道我们的祖先是从何时开始仰望星空，也不会有人记得到底是谁首次发现了金、木、水、火、土这5颗行星。但是我们可以相信，当星星们明亮的身影在天上穿行时，曾经引起地球上不同地方、不同年代许多人的注意。1609年，有个大科学家伽利略第一次将望远镜指向天空。1781年英国天文学家威廉·赫歇尔注意到了双子座中的一个天体，最终确认它是一颗行星。它以希腊神话中天空之神乌剌诺斯命名。天王星在合适条件下用肉眼也可以观察到，此前的天文学家曾经看到并记录它，但没有想到这颗颜色暗暗的星星会是一颗行星。1846年，德国天文学家迦勒在预测的位置上又找到了一颗新行星。这颗行星的颜色好像海水，因而以海洋之神尼普顿命名。

老师：我们现在做一个太阳系或银河系的模型好不好？

小朋友：好。

【老师给一部分小朋友发了泡沫板，一部分小朋友发了白纸板。泡沫板和白纸板的大小约1米长、0.5米宽。】

老师：现在每人一块泡沫板或白纸板，大家用铅笔在板上做好记号，什么地方是月亮的位置，什么地方是太阳的位置，什么地方是八大行星的位置。

【小朋友在板上煞有其事地画来画去，不时抬头看看挂着的太空图片，找到一些星球的具体位置。】

老师：选择纸板的小朋友用剪刀剪下杂志上的星球照片来代表星球。选择泡沫板的小朋友请用立体的彩色小球代表星球。

【有的小朋友用剪刀在泡沫板画好的位置上相对的上下左右剪了几刀，再用小刀挖下一些泡沫，形成了一个洞，洞不能挖大也不能挖小。然后把彩色小球的一面涂上胶水，贴在小洞里。因为这个操作难度较大，老师和助教们在旁边不停地帮小朋友们修剪洞洞，让边缘尽量光滑些而不粗糙，和小球也尽量吻合。还有的小朋友在旧杂志的图片里找到合适的星球照片，再用剪刀小心地剪下，贴在纸板上。】

【许多小朋友用黄纸剪下一个圆代表月亮，用橘红色的纸剪下一个圆代表太阳，用蓝色的纸代表地球。有的用铁丝做成土星的光环插在一个小球的外围，固定在泡沫板上。】

老师：好，现在做得差不多了。我们给纸板或者泡沫板涂上太空背景颜色。太空背景颜色可以是蓝色的、全黑色的，或者是银灰色的、白色的都行。

【小朋友拿起毛笔蘸上颜色，在纸板上刷了起来，有的涂上全黑的，涂完后，趁未干时再洒上闪闪发亮的银粉，感觉真像满天星辰。有的小朋友在月亮上插上一个美国国旗，有的在地球上画下七大洲五大洋。甚至有的用纸折叠了一个人造卫星，再贴在太空中。】

最后，老师把每一个小朋友的作品靠在墙上，做最后的检查并修补完成。我欣赏着小朋友一件件闪着科学之光的艺术作品。无论是他们的造型还是色彩，都充满了童趣，又一目了然地把宇宙之中太阳系里的太阳与八大行星的关系表现得清清楚楚，淋漓尽致。】

总 结

科学探索表现的前提是要让孩子直接接触与使用相关的操作材料，使孩子在尝试与探索的过程中发现和了解有关材料的特性和一定的操作技法。在这堂课中，老师让小朋友学习将多个物体合理地安排在画面上，协调好画面上各种物体之间的关系，同时尽量突出主体。老师一边给孩子进行指导帮助，一边给孩子一个自主探究的时间和空间，以保护孩子探究与发现科学的欲望和能力。

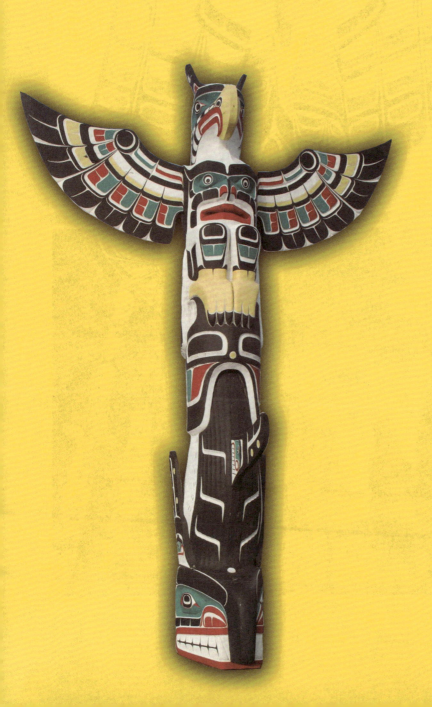

第十八堂课：图腾画

图腾柱

"我爱印第安文化" (7－8岁)

> ### 目 标
> 了解在哥伦布到达美洲之前的灿烂的印第安文化。知道运用不同的绘画工具和材料能表现不同效果的作品，并且在安排画面的过程中逐步体会均衡、对称、变化等形式美。

美国是个多民族的移民大国，多种文化互相包容、渗透、影响，其中历经沧桑却不曾改变的印第安文化，一直是北美多元文化中最为重要的文化之一。美国各界，甚至在小学、幼儿园，都越来越推崇学习印第安人的历史、文化和艺术。

现在就让我们看一看在美国小学低年级的印第安图腾画。

知识介绍

老师为小朋友准备了印第安人生活的图片资料和印第安文化的艺术作品照片，以及各式各样的图腾动物图案图片。

老师：很早很早以前，在我们这块北美土地上，没有欧洲人，也没有亚洲人、非洲人，只有印第安人，他们是这个世界上最早知道种植玉米、土豆、辣椒和吃这些食物的人。他们建造的太阳神金字塔，让人惊叹，还有纳

小贴士：什么是图腾？
原始社会的人认为跟本民族有血缘关系的某种动物或自然物品，一般用做本民族的标志。图腾崇拜的动物是不能捕杀的，只能在特殊的场合举行祭祀时才能杀。

斯卡荒原巨画至今还是个谜。

【老师一边说一边用投影仪放图片给小朋友看，小朋友新奇地睁大了眼睛。】

老师：现在在美国保留区的印第安人，有一部分还在从事农业和手工业，种植玉米、芋头、木薯和辣椒等。农作物有的自己吃，有的拿去卖。手工艺品主要是木雕、编织品。他们现在有的还住在原始的草屋里。

【老师一边说一边放一些印第安人日常生活的图片给小朋友看。】

印第安文化艺术图片欣赏

图腾柱

老师：现在让我们欣赏一下印第安人图腾柱照片。

老师：印第安人有用木雕记事的历史。比如生小孩、生病了、结婚了，都"写"在柱子上。最常见的是"屋前柱"，就像我们现在的门牌号码一样，老远就能让人从柱上的图像知道屋内住的是什么人。

面具

【老师拿出一张面具的照片。】

老师：古代印第安人认为如果人生病或者收成不好，都是因为有邪恶的灵魂造成的。所以每年的春天和秋天都要举行一个特别的典礼来驱赶这些邪恶的灵魂。在这个典礼上男人们都要带上特别的面具。他们觉得只要带上面具就具有了超人的力量。你们喜欢这面具吗？

小朋友：喜欢是喜欢，就是有点害怕。

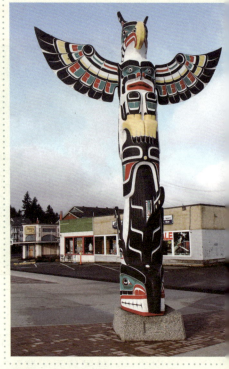

图腾柱

木头雕刻

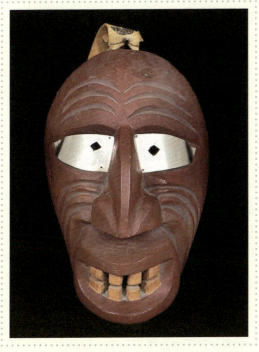

面具1

面具2

乌龟壳嘎嘎

【这时，老师又拿出一张面具的照片。】

老师：我们再看另外一张面具照片，你们看看，这张面具是用什么材料做的？

小朋友：好像是稻草做的。

老师：不是，这个面具是用玉米衣做的，刚才我们看的面具是用木头做的。男人戴上用玉米衣做的面具叫"玉米衣脸"。在典礼仪式上，观看的人群要给戴玉米衣面具的男人赠送礼物，这礼物一般是爆玉米花。另外给带木头面具的男人送的礼物是烟草和玉米片。

乌龟壳嘎嘎

【老师又拿出一张用乌龟壳做的手工制品照片。】

老师：你们看这个乌龟壳嘎嘎像不像我们还在宝宝时玩的小摇铃。这个小摇铃是在乌龟壳里装上小石头，再摇呀摇。古代印第安人认为如果一个人生病，用这玩意摇一摇，是可以治好病的。我们平时生病了，爸爸妈妈就会带我们去医院，请医生来诊断。没有人会用摇铃摇一摇来看病的，所以古代印第安人和我们现在是完全不一样的。

木头雕刻

【老师又拿出一张木头雕刻照片。】

老师：你们看这张印第安人的木雕，考古学家认为这个木雕是一个人假扮成猫的样子或者这是个美洲豹的雕刻。你们看这个到底是什么？

小朋友：是只猫头鹰。

小朋友：是只狐狸。

老师：到底是什么？至今还是个谜。等你们长大后就去解开这个谜。

课堂实录

制作图腾画

一、材料准备

1. 咖啡色的揉皱的牛皮纸（8开大小，约26cm×37cm）

2. 粗细大小不同的黑色马克笔、铅笔

3. 各色油画棒、泡沫板、白纸板

4. 复写纸（一边是白纸，一边是可以复写的黑面）

二、教学过程

上课之前，老师去超市里收集了很多牛皮纸做的包装袋，然后再裁剪成一张张8开大小的纸张。裁剪完后再把纸揉皱，造成斑斑驳驳原始的感觉。

体验 1：感受图腾动物很特别

老师：今天每个小朋友可以选一个自己喜欢的图腾图案。这里有老鹰、雷雨鸟、熊、狼、青蛙、蝴蝶、鲨鱼、狗鱼等。印第安人图腾上的动物都来自他们的神话传说，比如这个雷雨鸟，据说具有超凡的魔力，当它扇动羽翼时，雷声就隆隆到来，当它眨眼时，会发出闪亮的光。

【老师指着图腾柱上的一个鸟给大家讲雷雨鸟的故事，小朋友听得入神，听完后半天才回过神来，来到讲台前，从一大堆动物图案中挑选自己喜欢的图案。有的拿起这张，想一想又放下，换另一张。有的沉思片刻，果断地拿起一张回到自己座位上。这时，在每个小朋友的桌上，老师已经放好了一张揉皱的牛皮纸。】

体验 2：画图腾画学会了变形夸张手法

老师：请把图腾动物的图片放在牛皮纸上，牛皮纸放在动物图片的下面，中间夹上一层复写纸，复写纸白的一面向上，贴着图腾画动物图片，复写纸黑色一面向下，贴着牛皮纸。三张纸叠在一起，放整齐了吗？

老师：好，现在用铅笔把图腾画的线条描一遍，用点劲，通过复写纸把图腾画图案描在牛皮纸上。

【小朋友认真地用铅笔描着，不时翻开一点复写纸，偷看一下牛皮纸上画的效果，最后小朋友用铅笔把线条全部描完后，把图腾动物图案图片和复写纸还给老师，只剩下牛皮纸，再用粗细不同的黑色马克笔把牛皮纸上的铅笔线描成墨水线条。在小朋友画的过程中，老师一边走动，一边大声说着。】

老师：用马克笔描线时，有时线条要粗，有时线条要细，有的地方要全部涂黑，比如眼睛部分。描完后再选择各色油画棒，把黑线之间的空白全部涂上色，注意要把画面画满。

黑白图腾图案1

黑白图腾图案2

学生作品3

学生作品4

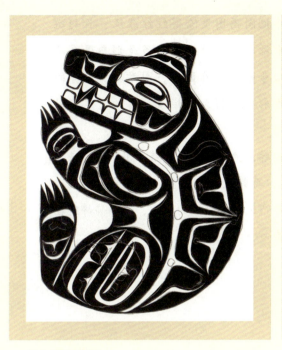

黑白图腾图案3

学生作品1、2

学生作品5

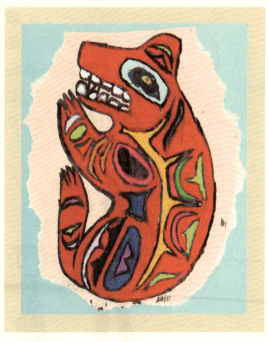

学生作品6

【小朋友拿起色彩鲜艳的油画棒把图腾图案涂得红红绿绿、五彩斑斓。我想因为印第安人的艺术主要来源于大自然，图案多是形态逼真的鱼类、走兽和飞鸟等，同时它们变形夸张得别具匠心，图案具有浓厚的粗犷原始气息。现在再加上小朋友色彩搭配得天真烂漫，真的使这些动物形象呼之欲出。】

最后老师和助教沿着动物形状的轮廓，把图案从牛皮纸上用手撕下来，故意留下毛毛糙糙的边和半寸的宽度，再装裱在一张色彩鲜艳的卡纸上。哇！感觉又不一样了。那曾经灿烂地照耀过北美大地的文化，如今静静地在教室的灯光下让小朋友重新"诠释"着……

总 结

欣赏和创造的对象，不但可以是世界名画，也可以是丰富多彩的原始土著艺术和民间艺术。这堂课中孩子自己挑选自己喜欢的图腾图案，进行临摹描绘，再自己搭配颜色。创作的过程即是表现自己对印第安文化所感所知的过程，也是学习图案设计和装饰画创作技能的训练。

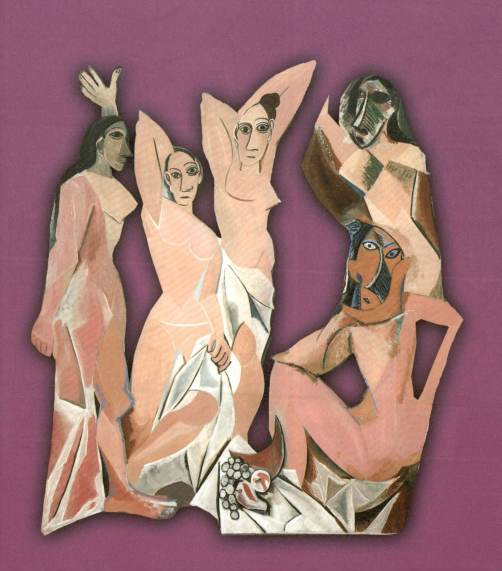

第十九堂课：小小『立体画派』

学生作品

"让我们的画风变变变"（6－7岁）

目　标

在讨论毕加索的画的过程中，了解什么是立体主义，通过毕加索、布拉克的作品了解立体主义流派的特点。

立体画派（Cubism）是现代美术史上的一个重要流派，又称为立方主义。1908年始于法国，它是指艺术家从不同角度来描绘对象，然后将其置于同一画面中，以此来表达对象更为完整丰富的形象。立体主义的艺术家追求碎裂、解析、重新组合的形式，形成分离的正面——以许多重新组合碎片形态为艺术家所追求的目标。

今天这个现代美术史上的重要流派却引进美国幼儿园的课堂。为什么？也许立方主义的画面没有传统西方绘画的透视法造成的三维空间错觉，立方主义的画面创造的是一个简洁的二维空间的绘画特色。这反而使小朋友更容易接受，更容易上手，对画面更有兴趣。而且还能让小朋友打破常规，逆向思维。至于小朋友能不能理解这个画派的重要原理，还有它的发展历史，这倒不是最重要的。老师只是稍讲一讲这个画派的代表人物代表作，重点放在课堂的制作过程。

名画欣赏

老师：小朋友，今天我们要创作小小立体画派，你们知道什么是立体画派？

老师：立体画派的大画家认为世界上任何东西，比如植物呀、动物呀，其实都是一个个几何形体组成的。比如一个人，头是球体，四肢是4个小圆柱体，躯干是一个大圆柱体。你们再看窗外的房子，像不像一个方盒子，房子上的烟囱像不像一个圆柱体呀？

小朋友：像，真的很像呀。

老师：这就叫立体画派。而且立体画派的大画家们很有魔法，他们可以从不同角度把看到的物体形象画到同一个画面中，将物体多个角度的不同视象结合在画中同一形象上。

【小朋友一个个半信半疑好奇地看着老师。】

第一幅画

老师：大家看这张立体画派的代表作——西班牙大画家毕加索的《亚威农少女》，正面的脸上都画着侧面的鼻子，而侧面的脸上倒画着正面的眼睛。你们看好玩不好玩？

小朋友：太奇怪了。

第二幅画

老师：我们再来欣赏毕加索的另一幅画《三个音乐家》。你们看这幅画，在一个简单的像盒子一样的房间里，一个戴着面具的人在吹奏单簧管，右边一个唱歌的人拿着乐谱，还有一个人在弹吉他。好像还有一只狗，狗的头在画面上方偏左的地方，还有一条狗尾巴，俏皮地翘起在弹吉他的人两腿中间。

【老师一边说，一边用手拿着羽毛在画面上指点移动着。】

老师：这幅画像不像我们平时玩的拼图玩具？还像不像我们曾经用纸剪贴后，重新拼贴的儿童画？

小朋友：太像了。

老师：这种错综复杂的拼图玩具似的构图，我们叫它综合立体主义。你们在这幅画里能找到什么形状吗？

亚威农少女（Avignon Girl）　[西班牙]　帕布洛·毕加索

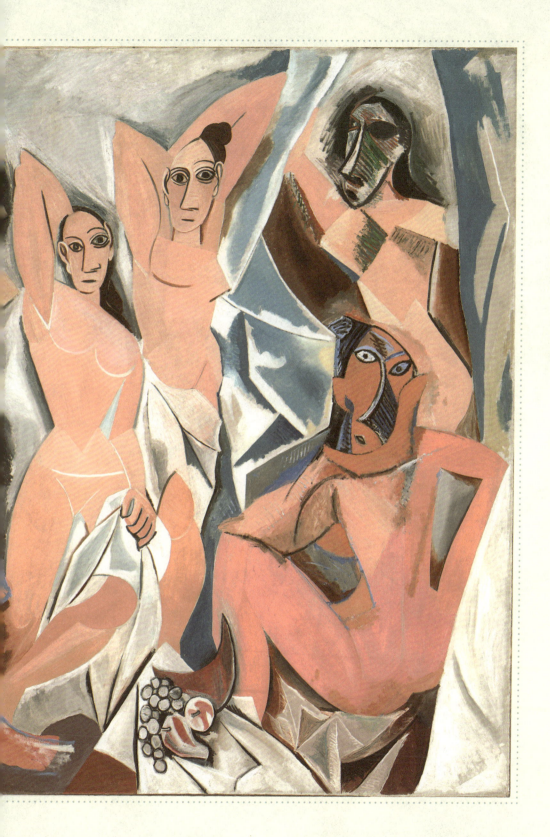

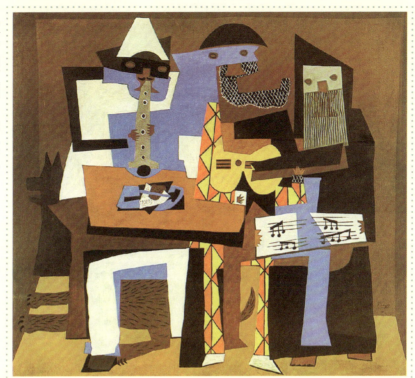

埃斯塔克的房子（Houses at L' Estaque）

三个音乐家（Three Musician）
[西班牙] 帕布洛·毕加索

小朋友：有方形、三角形、长方形，还有很多梯形。

老师：完全正确。毕加索在画这幅画时，是不是自己也觉得很有趣？

小朋友：对，他一定很喜欢才画这幅画的。

老师：对，我们现在欣赏了两幅毕加索的画，他创作出这些奇形怪状的形状自有他的道理，毕加索在这幅画中，像马蒂斯等野兽派画家一样，用画面的平面性取代了现实的三度空间。画面中的背景——室内景的深度消失了，同时也见不到人物的立体感。这些变形的绘画不久就成了立体主义画派的代表作。

第三幅画

老师：大家再看这幅布拉克的《埃斯塔克的房子》，在这幅画里，房子和树木都被简化为三角形、正方形、椭圆形。他故意缩小画面，使画中的房子看起来像压扁的纸盒子。这个布拉克和毕加索同为立体画派的大画家。布拉克还将字母和数字放进画中，采用拼贴或者重叠。就像我们以前学过的综合材料绘画。

小朋友：真有趣呀。

223

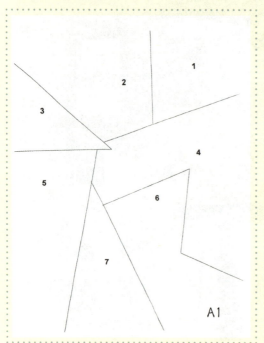

A1

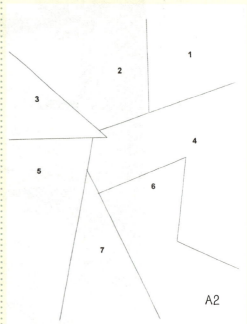

A2

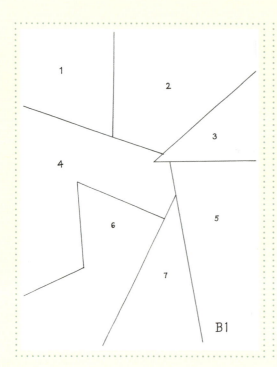

B1

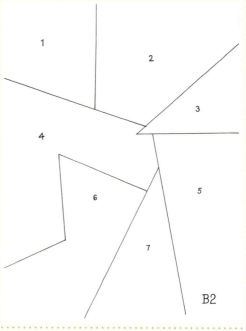

B2

创作立体画

一、材料准备

老师给每个小朋友发了4张纸，两张一样的纸是一组，分成A组和B组。每张纸反面都刻画了一些斜线，把一张白纸分割成了几块（见左图）。

二、教学过程

老师：现在开始我来教大家制作立体画，大家在A组或B组里各拿出一张纸，在白的没有斜线的一面开始画一个人的头像或一个动物头像。要求一张纸画正面的头像。另一张纸画这个头像的侧面，并用油画棒涂满色彩。

【每个小朋友的面前有4张纸和一盒油画棒，大部分小朋友拿起油画棒兴致勃勃地开始画起自画像或人头像，画完正面又在另一张纸上画侧面，不知为什么，很少有人画动物，可能画人物感觉更像大师吧。差不多一小时，每人两张纸正面像和侧面像全画完了。】

老师：今天就到这，下堂课我们继续完成立体画。

【下一次美术课到了，老师要求每个小朋友把上次画完的两幅画都反过来，拿起剪刀，沿着纸反面斜线剪开，剪成一小张一小张，正面像剪一堆，侧面像剪一堆，两堆不要混在一起。】

老师：小朋友请拿出剩下的A组或B组的两张纸，用有斜线的一面。从一堆里随便选一小张，贴在一张纸有斜线的一面，如果选出的一小张纸反面数字是3，就贴在这张纸相对应3的位置。如果选出的是6，就贴在这张纸相对应6的位置，贴完第一个一小张后，再从另一堆随便选第二个一小张贴在这张纸相对应的位置，从两堆里轮流选第三、第四个……一小张全贴完这张纸后，再用剩下的两小堆纸用同样的方法贴另外一张纸。小朋友在老师和助教的指导下充满好奇地贴着，一张张形态各异、打破衡常性的立体画诞生了。

我想起我女儿每星期从学校带回的一堆美术作业，让我这个画家妈妈也瞠目结舌。一张全开的黄纸上几块大泼墨，另一张16开大小的纸上用手指印盖的一条条毛毛虫，还有一张卡纸是用树叶蘸着颜料拓印在纸上，趁颜料未干时在上面贴着甜甜圈饼干——这些小孩画画完全就是享受着一种无意识的过程。他们完全不担心颜料产生的变化毁坏了画面形象，画面散漫无际、全面铺开、毫无主次，孩子的画不仅仅有立体主义、还有新造型主义、行动绘画等等。虽然孩子们是无意识的创造，但往往跟大师们"不谋而合"。

当我把我的惊喜与发现与美国老师进行交流时，她们说美国幼儿园的美术课程经常用流行的美术流派风格来引导小朋友画画，因为现代美术流派很多是从小孩的性格特点中得到启发。比如抽象表现主义的先驱霍夫曼，他在20世纪40年代初，采用以颜色滴、洒、甩、泼的方法进行创作，使画面充满强烈的表现性。后来的波洛克、德库宁等抽象大师，就几块简洁、明确、鲜艳的色彩在黑或灰色背景衬托下，像小孩子的涂鸦似的，却成为与欧洲现代绘画迥然相异的美国行动绘画。原来美国幼儿园的美术课程以灵活多样的教学方法去顺应孩子的天性。画画并不以描绘具象为目标，有时通过点、线、面、色彩来表达自己的情绪，激发孩子的想象，启迪孩子的思维和兴趣，并使这种兴趣转化为持久的情感态度。我想，孩子们这种自由奔放、无定型的抽象画风格不正是反对束缚、崇尚自由的美国精神的体现吗！

总 结

这堂课可以提高孩子的协调能力和打破衡常性的思维，这个能力和思维主要是指在绘画的过程中，孩子对事物的观察和想象能力、手工操作能力和头脑对所表现对象的分析能力、判断能力、简化能力。

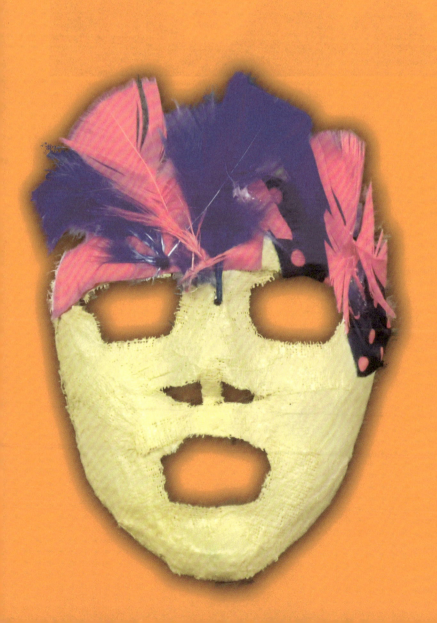

〔意大利〕狂欢节面具

自画像（Self Portrait）〔荷兰〕文森特·威廉·梵·高

"美国小孩爱动手" (7－8岁)

什么是面具？面具是用来戴在脸上的物件，有时是用来保护，起隐蔽作用，但大部分是用来表演或娱乐用途。面具在原始舞蹈以及祭神等宗教活动中早已使用，面具也是戏剧演出中的一种重要手法。据说古希腊悲剧中使用的面具是由亚麻、软木或轻质木料做成，再饰以彩绘，形象生动、真实。面具不管在古代还是在现代，在东方还是在西方，都有着深远的历史渊源和不同意义的象征风格，乃至不同的制作方法。总之，由于地域的差异，用途的不同，全世界的面具呈现出多姿多彩、形式各异的特点。

如今在美国每年一次的万圣节、狂欢节和平时的各种化装舞会上，面具装备几乎是必不可少的。当夜幕降临时，人们戴上各种夸张的面具，穿着复古的、或者前卫的装束聚在一起，因为面具掩盖了每个人的真实身份，所以人们可以恣意狂欢。在美国许多城市的街头，就有很多面具商店。各种精美的面具就像一件件艺术品，价钱自然也不菲。幸运的是，在提倡什么都自己做的美国，面具也像一般家庭装饰品、手工艺品一样，大人小孩都亲自制作。所以在美国中小学和幼儿园里都有专门的面具制作课。而且在不同年级、不同年龄段的班上会制作不同材料、不同主题的面具。比如复活节到了，幼儿园小班的小朋友会用纸张做兔子面具，大班的小朋友用陶泥做兔子面具。到了万圣节，老师会带领小朋友制作和自己准备装扮的角色相配套的面具。准备打扮成动物的小朋友就做动物面具，准备装鬼的，就做鬼怪面具，准备当机器人的就做个方盒子戴在头上。这时每个小朋友会尽自己最大努力，在老师和家长的帮助鼓励下，又动脑又动手，干得不亦乐乎。在准备制作面具前，老师又准备了5幅世界名画给小朋友欣赏。

名画欣赏

第一幅画

老师拿出的第一幅画是梵·高的一幅自画像。要知道梵·高在短暂的十年艺术生涯里，以其强烈的创作欲望和超人的勤奋，创作了近2000幅作品，其中就有40余幅自画像。

老师：这是荷兰画家梵·高的一幅自画像，梵·高一生中每过一段时间他就喜欢画一张自画像。这幅画是他一生中最后一幅自画像。背景使用灰蓝色的曲线，产生如漩涡般的效果，画中梵·高穿的衣服也与背景一样的颜色。他的脸部表情呆呆地正好与跳跃的背景形成对比。你们看他的眼睛是不是像看着你一样。

老师：你们以前看过这幅画没有？

小朋友：不知道，忘了。

老师：这幅自画像在美术课上我们从没有看过，但梵·高这位画家在以前的课上老师介绍过，不知你们还记不记得？

小朋友：好像是的。

老师：在这幅画里，你们看到了什么颜色？有三原色和间接色吗？

小朋友：三原色是红、黄、蓝，红色的胡须、黄色的皮肤、蓝色的背景，间接色有绿色和褚石色。

老师：正确，他衣服上的笔触是用绿色画的。头发是用褚石色线条画的。你们发现没有这幅画里的背景是用快速移动的线条画的。这样的线条是画家为了表现自己的感情。在这幅自画像里，梵·高看起来是高兴，还是不高兴呢？

小朋友：不高兴，有点伤心似的。

老师：观察得很仔细，因为梵·高在生活上一直不顺利，所以很伤心。

第二幅画

老师：这幅画我们欣赏的是法国画家卢奥画的《小丑》，卢奥小时候生活在一个贫困的木匠家庭，年轻时他曾被训练成一个彩绘玻璃的工人。所以你们看这幅《小丑》画，他像画玻璃画一样用宽宽的黑色的线条去分割画面空间。

老师：你们看这个小丑快乐吗？你们看这幅画时有什么感觉？

小丑（A Clown）　[法国] 乔治·卢奥

小朋友：小丑不快乐，很累的样子。

老师：说得很好，他是马戏团的小丑，平时穿着五颜六色的服装来逗观众开心，可是他内心很苦。

老师：再看看这幅画里有些什么颜色？

小朋友：有红色、黄色、蓝色、绿色、白色、黑色。

老师：正确，还有咖啡色和灰蓝色。

【老师一边说，一边用羽毛指着画面里的颜色。】

老师：我再给你们讲一个故事，1905年时，马蒂斯和卢奥等一些画家举办了一个画展，他们的画色彩明亮、强烈，甚至有点像儿童画一样，参观的人大吃一惊，说："野兽来了。"但这群画家根本无所谓，反而高兴地称自己为"野兽派"画家。

男人的头 (Head of Man)

[德国] 保罗·克利

第三幅画

老师： 我们再来看一幅是俄国大画家康定斯基的《即兴31号》（海上争霸），康定斯基画了一系列的《即兴》，什么叫即兴？即兴就是事先没有经过头脑思考过，突然有了灵感，临时发生兴致而创作。

老师： 你们在这幅画里，能找到海上争霸吗？

【小朋友看了半天也想了半天。】

小朋友： 找不到什么海上争霸。

即兴31号（Improvistation）　[俄国] 瓦西里·康定斯基

老师： 告诉我，你们看到了什么？

小朋友： 看到了天上的彩虹。

小朋友： 像有一个玫瑰红的小糖豆在指挥一场音乐会。

老师： 很有想象力，康定斯基为这幅画起名叫《即兴》。你们还能为这幅画起个不一样的名字吗？

小朋友： 叫《彩虹》。

小朋友： 叫《彩色的湖边》。

老师： 非常好。其实在这幅画里，寻找任何具体的东西都是没有意义的。它展示给我们的只是情绪和感情的起伏，是一种潜在的，无法言传的精神舞蹈。

第四幅画

老师又拿出了第四幅画，是保罗·克利的《男人的头》。出生在瑞士，一直生活在德国的克利，他的父母都是音乐老师。他在音乐和绘画之间犹豫了一段时间之后，还是选择了绘画。

老师：大家请看这幅画，这画的是一个头像吗？是肖像画吗？

小朋友：是个人的头像。

老师：这种肖像画的方法，我们叫抽象化。你们看这幅画的脸是什么形状？

小朋友：圆形的脸。

老师：对，谁能指出他的眉毛、眼睛、嘴巴和鼻子等。

【老师从举起手的小朋友中选出了一个小朋友，她兴冲冲地跑到画前指出了眉毛、眼睛，就是找不到鼻子和嘴巴。】

老师：从圆圆的脸来看，脸的中间一条线大概就是鼻子。鼻子下的黑点点，大概就是嘴巴了。

老师：你们觉得这个脸对称吗？

小朋友：基本上对称。

老师：你们在这幅画里能找到三原色吗？

小朋友：眼珠子是红色，头顶上有一块黄色，脖子上有一块蓝色。

老师：说得很好。

老师：在这幅画里，什么是暖色？什么是冷色？

小朋友：眼睛和脸上的红色和橙色是暖色。脖子上的蓝颜色是冷色。

老师：对的，这幅画的背景是橙色，也属于暖色。

老师：你们再看看这个男人的脸是什么表情？

小朋友：是高兴的样子。

老师：这是保罗·克利画的《男人的头》，他对颜色和形状经过思考，让肖像所有部分经过简化，形成了简洁的设计。

第五幅画

老师：今天我们欣赏的最后一幅画是挪威画家爱德华·蒙克的《呐喊》。画面中一个人在红色的背景中，捂着耳朵惊恐地喊叫着。蒙克自己曾叙述了这幅画的由来。"一天晚上，我沿着小路漫步，路的一边是城市，另一边在我的下方是海湾。我又累又病，停下来朝海湾那一边眺望——太阳正落山——云被染的红红的，像血一样。我感到一声刺耳的尖叫穿过天地间。我画下了这幅画。"

【小朋友被老师富有感染力的话深深吸引住了，仿佛又听到了惊恐的尖叫。】

老师：蒙克是典型的用绘画来刻画自己的内心世界，他用对比强烈的线条、色块，简洁、概括、夸张的造型，抒发自己的感受和情绪。他的画风是表现主义绘画形成的开始。好，你们看这幅画有什么感觉？

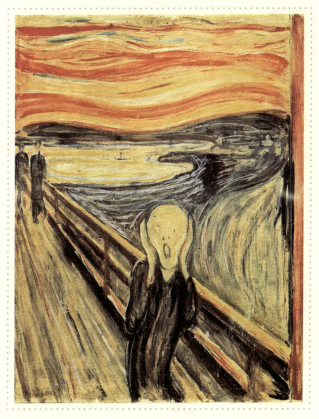

呐喊（The Scream）　［挪威］爱德华·蒙克

小朋友：害怕的感觉。

老师：这幅画里，蒙克用了什么类型的线条？

小朋友：是用弯曲的黑线画的。

老师：对的。再问一个问题，这幅画里画家用什么颜色来表现心情？

小朋友：用橙色和蓝色来表现害怕。

老师：对的，他是用橙色和蓝色来表现紧张，用黑色来表现恐怖。最后一个问题，这幅画是怎样让你感到害怕的？

小朋友：这个人的脸好可怕。

老师：对的。今天我们欣赏了五幅世界名画，讲到了野兽派和表现主义。以后我们还会进一步详细地讲到野兽派和表现主义，好，现在我们就开始做面具吧。

现场1：用石膏纱布做成面具

现场2：将面具放在室外晾干

现场3：在金色面具上装饰羽毛

现场4：为面具蒙上面纱

现场5：进一步装饰细节

现场6：各式装饰新颖、独一无二的面具

制作面具

一、材料准备

老师为小朋友们准备了很多石膏纱布。这些石膏纱布是老师在医院的商店里买到的。什么是石膏纱布？就是纱布上沾满了石膏粉，一打湿，再等干后就能固定成型。老师回来后，又把石膏纱布都裁剪成小布条状，和普通邦迪一样大小，以上全是老师的准备工作。现在老师给每个小朋友穿上塑料围裙，围裙是从下巴开始一直武装到脚。老师再用布把每个人的头发包起来。接下来老师洗干净手后，给每个小朋友脸上涂上我们平时护肤用的凡士林。涂得很厚很满，每个地方都不能漏掉，特别是眉毛。做完这些后，老师把每两个小朋友分成一组，面对面坐好。每组都分到一把石膏小纱布条和一碗清水，老师请一位小朋友当模特和她一起做示范给大家看。

二、教学过程

老师：每组小朋友一个请坐好不要动，另一个小朋友跟我一起做，拿起第一个纱布蘸上一点清水，贴在对方小朋友的额头上。

老师：再拿起第二个纱布蘸上清水贴在对方的左脸上，再拿起一个纱布贴在左脸的眼睛下。贴完左脸再开始贴右脸。从四周往中间贴，两脸颊与脖子交界处贴成斜的。

【教室里安静极了，每个人都充满好奇地在老师的指导下完成每个动作。】

老师：脸上除了两只眼睛和鼻孔处必须留三个洞外，嘴巴想留洞或不留洞都可以。

老师：好，现在把其余地方全部贴满白纱布，贴完一层后，再贴第二层。等干时，可用扇子扇一下。贴鼻梁时请把纱布条竖着对折，贴在鼻梁正中，在鼻梁两边贴上第二层和第三层纱布。

老师：现在被贴纱布的小朋友脸上贴完三层以后，就请两人交换着贴。刚才被贴的再开始贴对方的脸。

【等一些小朋友全部贴完时，老师和几个助教拿起电吹风为小朋友脸上吹起热风，不过几分钟面具就快干了。】

【这堂课快结束前，全部小朋友的脸都变成小白脸，每个人都戴了一层白面具。大家你看着我，我看着你。这时老师取出相机，给每个人拍照留念。差不多拍完照后，脸上的白纱布也几乎干透了。老师让每个小朋友开始挤眉弄眼，面具自然就脱落下来。】

老师：现在，请每个小朋友把自己的面具涂上一层你喜欢的色彩。明天上课时我们再把自己的面具好好打扮起来。

【小朋友这时有的用金色和银色，有的用绿色，有的用红色，有的用蓝色，有的什么也不涂，准备明天用白色。

第二天到了，老师为小朋友准备了各种各样的材料来装饰面具。有塑料珠串、假皮草、羽毛、彩色布条、面纱、花边等。小朋友先在材料中选择自己喜欢的，然后在老师和助教的帮助下，用胶水把各种装饰材料一点点粘在自己的面具上。】

总 结

看着小朋友在轻松、愉快的氛围中完成了自己的大作，感觉美国的面具制作课注重学习内容与孩子的生活环境紧密联系，活动内容与不同年龄阶段的小朋友认知特征相适应。老师注重以灵活多样的教学方法激发孩子强烈的好奇心，并使这种好奇心转换为持久的情感态度。

小贴士：

1. 在脸上擦凡士林时，先顺着眉毛擦，再擦额头。

2. 戴眼镜的小朋友要事先取下眼镜。

3. 鼻子不高的小朋友（如亚裔），可以躺着让别人贴石膏纱布。

4. 在小朋友制作面具过程中，老师可以播放轻音乐，营造轻松的环境。

5. 除了老师，另外最好请 3~4 名美术助教来帮忙。

附录：本书中的名画和画家

这个部分帮助读者了解本
书中出现的画家和名画，包括
名画的内涵、画家的生平等。

第一堂课 名画欣赏

1. 蒙娜丽莎的微笑　[意大利]列昂纳多·达·芬奇（1452—1519）

达·芬奇是典型的多才多艺的大艺术家，是文艺复兴时期意大利画家、雕塑家、诗人、音乐家，同时又是建筑师、工程师和科学家。《蒙娜丽莎的微笑》、《最后的晚餐》等是他的名作。1502年达·芬奇开始创作《蒙娜丽莎的微笑》，此画长77厘米、宽53厘米，描绘的是一位端庄内敛、面带神秘微笑的女士。此画是古典写实画法上的里程碑，在明暗处理上，细致、微妙得像烟雾一样的过渡法，含蓄而又自然，使画面形成丰富的层次和色调。

2. 红磨坊的舞会　[法国]皮耶尔·奥古斯特·雷诺阿（1841—1919）

雷诺阿是法国印象派的大画家、雕塑家，19世纪70年代他与另一位印象派大画家莫奈经常共同外出写生作画，共同探讨画中的光与色的描绘。《红磨坊的舞会》描绘了巴黎的一个露天舞会，舞会上，人头攒动、色彩跳跃、热闹非凡，给人以愉快欢乐的感觉。画家把主要焦点放在了对近景一组人物的描绘上，生动地表现出人物脸上的光色效果及光影造成的迷离感，渲染了舞会的气氛。

3. 向日葵　[荷兰]文森特·威廉·梵·高（1853—1890）

这幅《向日葵》是梵·高在法国画的一系列向日葵之一。传说他在画之前，喜欢在烈日下奔跑，让情绪激动以后，再开始动笔画。所以我们看到金黄色的画面，给人以热烈异常的感觉，黄色的花瓣像太阳的光芒一样美丽，堆积的笔触让画面带有浮雕的感觉。这幅天价名画，是梵·高在痛苦的生活中，用血和泪画出的，他用自己短暂的一生画出了对精神光明的追求。

4. 公主家的势利小人　[西班牙] 胡安·米罗（1893—1983）

米罗出生于西班牙巴塞罗那，早期艺术受塞尚影响，后来经过立体派、超现实主义，发展成自己独特风格。米罗不仅在绘画的不同门类中堪称大师，而且一生多产，画风如一而又有多样变化。这幅画中，所有的小动物、小虫子都在狂热地娱乐，人和猛兽、小鸟以及小细菌都具有一样的生命力。米罗始终像一个巨人而又有孩子的童心，活跃在幻想的空间，与地球、宇宙、大自然、人物、动物和显微镜下的各种有机生物玩耍游戏。他的创作为我们留下了一个新奇而自由的世界。

第四堂课 画一匹"有肌理"的马

5. 记忆的永恒　[西班牙] 萨尔瓦多·达利（1904—1989）

达利是20世纪西班牙的大画家，他多彩多姿的一生和他的超现实绘画一样，惊世骇俗。他的创作理念是从精神分析学家弗洛伊德的潜意识和批判方法发展而来。达利的这幅油画和他的雕塑《马鞍与时间》都描绘了仿佛被烈日晒化的钟表。柔软的钟表表达了达利与时间之间的紧张关系。他说："机械从来就是我个人的仇敌，至于钟表，它们注定要消亡或根本不存在。"

6. 骑马的人　[俄国] 瓦西里·康定斯基（1866—1944）

康定斯基是俄国大画家，具有东方血统（祖母为蒙古公主）。他早年所学的是法律和经济，30岁时才立志学画。在正式从事绘画后他很少停留在固定的绘画模式中，因此他的作品演变极快。对康定斯基来说，思想是重于技术的，他在思想方面下的功夫，多于在技术方面的训练。这幅画是1911年康定斯基制作的套色木版画，收录于诗画集《声响》中。

第五堂课 音乐画

7. 百老汇街的爵士乐　[荷兰] 彼埃·蒙德里安（1872—1944）

荷兰美术史上的三大画家，是17世纪的林布兰特、19世纪

的梵·高和20世纪的蒙德里安。蒙德里安出生在荷兰，晚年时移居纽约，大幅扩展创作领域，对建筑、工艺和设计产生了很大的影响。他是几何抽象画派的领袖人物，认为艺术应该根本脱离自然的外在形式，以表现抽象精神为目的，认为艺术与精神应完全统一。他最后的杰作《百老汇街的爵士乐》把他生活在纽约百老汇街和他对爵士乐的感受，画成了完美的色块与色带的韵律构成，表现了一种直线美，透过直角可以静观一切事物。

第六堂课 纸版画

8. 周日清晨　［美国］爱德华·霍珀（1882—1944）

　　霍珀的绘画艺术，数十年来被定位在美国写实主义的最佳典范。1971年纽约电话公司向一千万订户调查他们最喜欢的一幅画，用它来印刷封面，结果获胜的是霍珀1930年画的《周日清晨》。这幅画的前景为街道与二层楼旧建筑物，构成水平的平行线，门与窗造型正好与平行线形成垂直的对比，造成移动与停下两种对立概念，画面上空无一人，弥漫着寂寞感。霍珀的很多绘画都具有这种特征，超越了他个人的孤独，刻画出现代人的孤独与忧虑，探索美国式生活中的讽刺和宁静之美。

9. 构成　［美国］杰克森·帕洛克（1912—1967）

　　帕洛克喜欢把画布平放在地上，然后绕着画布，把油漆滴落、抛掷、倾倒在上面。有时候，他直接把一桶油漆倒在画布上，凝成一滩滩发亮的色块。有时候他用干硬的笔刷、棍子和铲子推动油漆来画画。帕洛克采取自由发挥手段，在不断行动中完成作品，因此被称为"行动画派"。

第八堂课 自画像

10. 红衣孩童　［西班牙］弗朗西斯科·戈雅（1746—1828）

　　戈雅是西方美术史上开拓浪漫主义艺术的先驱，西班牙浪漫主义画派画家，是一位承先启后的大艺术家。《红衣孩童》这幅画色彩对比强烈又协调，用笔十分精细。紧束腰身的衣带使孩子的衣服更加突出，而红色衣服在不太鲜艳明亮的底色上跳了出来。整个情形似乎表现出平静和安详的神态，孩子天真无邪地同拴在绳子一头的动物以及关在笼子里的动物玩耍。也许我们可以从被拴住的动物和猫的眼睛里，从关在绿色笼子里的小鸟，看到

某种象征性的意义。总之，戈雅擅于抓住儿童天真浪漫的本质。

第九堂课 泥塑动物

11. 小野兔　［德国］阿尔布雷特·丢勒（1471—1528）

　　丢勒是德国中世纪末期、文艺复兴时期的大画家。他创作了大量的版画、油画和素描，还写过书。他是位德高望重的版画大师。他对动物充满好奇，为了看奇特的动物，甘愿去很远的地方。有一次，他长途跋涉去看一条搁浅的鲸鱼，不幸患了感冒过世。

12. 金鱼　［法国］亨利·马蒂斯（1869—1954）

　　马蒂斯是巴黎画派的大师，野兽主义的代表人物。画出生机勃勃的画，是他终身的目标。这里引证他的一段话："我所向往的艺术，是一种平衡、宁静、纯粹的化身。不含有使人不安和令人沮丧的成分。对于身心疲乏的人们，它好像一种抚慰，像一种镇定剂，或者像一把舒适的安乐椅，可以消除他的疲劳，享受宁静、甜美的乐趣。"《金鱼》这幅油画是1912年创作的，画面采用俯视角度，各种东西摆放布满了画面，色块的分布既强烈对比又和谐统一，画家不是在抄袭自然，而是在表现本人对自然的感受，就是我们常说的一句话，艺术来源于生活，高于生活。

13. 两只猫　［德国］弗朗茨·马克（1880—1916）

　　马克是德国表现主义画派的代表人物，他对动物有着特殊的感情，画了大量的动物题材。他用立体主义和未来主义把动物题材完美结合，并利用动物题材表达他对事物精神实质的理解。在他的画上，明亮浓郁的色彩和形状相互交错，给人一种原始和纯朴的感觉。正当他要把他的美术理念提升到另一高度时，在第一次世界大战的凡尔登战役中他不幸阵亡，年仅36岁。

第十一堂课 木工课制作玉米衣玩偶

14. 收割　［荷兰］老彼得·勃鲁盖尔（1525—1569）

　　勃鲁盖尔是16世纪尼德兰伟大的画家，被誉为专画农民生活的农民画家。他喜欢画农民，描绘尼德兰的民间风貌和习俗：农家的男婚女嫁、乡间的宴会和质朴的农村生活。他在风景画方面也作出了巨大的贡献，他以宏大的构图，描绘尼德兰壮观的自然景观。《收割》创作于1565年，画面描写了一伙正在休息吃饭的农民，有的抱着酒罐子扬脖而饮，有的拿着瓜瓢做成的大碗在吃着饭，一副安逸、休闲的乡村气息。

15. 拾穗　[法国]让·弗朗索瓦·米勒（1814—1875）

在这幅画里，米勒采用横向构图描绘了三个正弯着腰、低着头在收割过的麦田里拾剩落麦穗的妇女。她们穿着粗布衣裙和沉重的旧鞋子，在她们身后是空旷的麦田、天空和隐约可见的劳动场面。在造型上，米勒用较明显的轮廓使形象坚实有力，很好地表现了农民特有的气质。沉着的色彩，加上丰富细腻的暖调子，使作品在纯朴浓厚中具有撼人的力量。罗曼·罗兰曾评论说，米勒画中的三位农妇是法国的三女神。

16. 新奥尔良棉花事务所　[法国]埃德加·德加（1834—1917）

德加出身于富裕的银行世家，于1855年进入巴黎美术学校，这一年德加又拜访了年迈的艺术大师安格尔，分手时安格尔留给他一句素描的重要性。德加从此努力为素描开拓新路。19世纪80年代后，德加特别喜欢画浴女和芭蕾舞者，以现实的印象出发，抛弃他同时代的画家还不能完全克服的古典主义的传统，力求表现瞬间的动态，排除美化的成分，致力于过去绘画上尚未反映过的缩影和动态的研究。因而后世学者认为德加是一位超越时代的艺术家。这幅画创作于1873年，画的是他叔叔办事处的棉花交易，描绘了职工忙碌的工作气氛。这幅画中，有人在检查棉花的质量，他的一位兄弟在阅读报纸，还有一位兄弟靠在一个窗口上，反映了那个时代美国南部的棉花企业。

第十五堂课　小丑画

17. 克里斯蒂娜的世界　[美国]安德鲁·怀斯（1917—2009）

怀斯的画，往往通过田野、乡间小屋、小鸟、小动物和普普通通平凡的人来表现诗情画意的大自然。在优美的画面中又似乎感到淡淡的忧伤和一年又一年的乡愁。如今怀斯与行动画派的帕洛克，分别代表美国的写实与抽象艺术的两个顶端。可见他在现代美术界举足轻重的地位。

第十六堂课 锡箔纸玩偶

18. 休闲 向路易·大卫致敬 ［法国］费尔南德·雷捷（1881—1955）

法国画家雷捷早年是建筑制图工程师，后又从事过壁画制作和玻璃镶嵌工作，所以这些经历影响到他的作品有着粗粗的线条痕迹和厚重体积的质感。但是在他粗重的线条和金属质感的块面里，又不失一股浪漫情怀。在法国，工人为了得到一天工作8小时的工作量，和资本家斗争多年，法国终于实施有薪假后，雷捷为了支持这一政策而画了这幅画。

19. 在海滩上玩耍的孩子 ［美国］玛丽·卡萨特（1844—1926）

如今不管在中国还是在美国，女性艺术家们人才辈出。可在100年前，女画家卡萨特是冲破重重世俗的观念，意志坚强地走上了艺术道路。她曾说："画家有两条路可走，一条是易行的通贯大道，一条是艰苦难走的羊肠小路。"她自称走的是后者。卡萨特早期作品题材多为淑女喝茶和郊游。后期创作则为母亲和儿童之间的亲情关怀，写实技巧扎实、造型生动、色彩丰富，深深地表现了人性的光辉。

第十九堂课 小小"立体画派"

20. 亚威农少女 ［西班牙］帕布洛·毕加索（1881—1973）

在美国，曾听一些美国人说，在20世纪，除了毕加索，再没有别的画家能征服美国人了。话是偏激些，但也说明了在近现代，还没有一位艺术家像毕加索一样，画风多变而又自由豪放。他的大名不仅因为他的《亚威农少女》等名作，更因为他旺盛的创造力和多姿多彩的个人生活。《亚威农少女》这幅画，很多人认为它是对人物造型的新尝试，但这种尝试是毕加索在边画边创作中产生的。最初这幅画毕加索是准备画少女们和一个手捧骷髅的人。但是在创作过程中，毕加索由原先的构思变成对新造型的尝试；原本三度空间变成了平面，裸女们丰满的肉体变成了干瘪的平块。鬼怪般的脸明显受到了黑人雕刻的影响，她们脸是正面的，鼻子却完全是侧面的，另一位裸女的脸是侧面的但眼睛又是正面的，身体已被破坏得分不清各个部分了。毕加索这张变形的绘画不久就引起了立体主义革命。

21. 三个音乐家　[西班牙] 帕布洛·毕加索（1881—1973）

　　继《亚威农少女》之后，毕加索更加明确地用一种新的语言来否定传统的空间构成和形体塑造，他用几何形体把对象单纯化，把不同角度看到的对象画在同一张平面上，再把对象打散重新组合。这就是立体主义的最大特点。终于在1921年，他创作出《三个音乐家》这样完全压平的人物画。

22. 埃斯塔克的房子　[法国] 乔治·布拉克（1882—1963）

　　法国画家布拉克和毕加索是好朋友，他们共同创造了立体画派，但布拉克又显示出自己的独特风格，他的作品多为静物画和风景画，画面简洁单纯。他喜欢通过风景画来探讨大自然背后的几何形式。在这幅画里，房子和树木皆为几何形。他将绘画本身提炼过渡，并去除一切杂质。用聪明和情趣融合简洁造型，再赋予丰富的肌理、微妙的色彩。这一切使他在近代画坛上拥有崇高的地位。

第二十堂课　做面具

23. 小丑　[法国] 乔治·卢奥（1871—1958）

　　法国画家卢奥喜欢用厚重的黑色轮廓线以及明亮的色彩来表现宗教人物和小丑。他的这种画法，明显受到了镶嵌彩色玻璃技法的影响。但是卢奥的黑线条是有意识的勾画，而镶嵌玻璃画是将不规则的玻璃片拼凑在一起。

24. 男人的头　[德国] 保罗·克利（1879—1940）

　　生于瑞士，在德国学画的表现主义大师克利用生动的线条和超人的色彩感觉，充满象征性的符号游离在具象与抽象之间。他不光拥有扎实的素描造型功底，还不像许多大师级艺术家们玩的只是色彩表面，克利是对色彩内涵的真正把握。他曾说："艺术不是去复制我们眼睛看到的东西，而是怎样去表现我们的所见。"

25. 呐喊　[挪威] 爱德华·蒙克（1863—1944）

　　台湾作家余光中曾写道："面对大自然的秩序与壮观，例如星星和晚霞，生死之无常，祸福之无端，病痛之无奈，我们很难不向冥冥中更高的力量求助。"挪威国宝级画家蒙克的画就让我们强烈地感受到生命的无常和对死亡的恐惧。从他的画中，可以感受到面对无法抵挡的力量时的无助。在《呐喊》中，我们看到桥上一个尖叫的人，凹陷的脸像骷髅一般，背景是火红的颜色，这幅画给我们留下了生命的震撼。